爆品战略

——案例篇——

揭秘10年来42个超级大爆品的内幕、逻辑和操盘方法

爆品战略理论提出者　**金错刀**　著

图书在版编目（CIP）数据

爆品战略. 案例篇 / 金错刀著. —— 南京：江苏凤凰文艺出版社, 2022.3
ISBN 978-7-5594-6380-7

Ⅰ. ①爆… Ⅱ. ①金… Ⅲ. ①产品营销-案例 Ⅳ. ①F713.50

中国版本图书馆CIP数据核字(2021)第231445号

爆品战略. 案例篇

金错刀 著

责任编辑	丁小卉
特约编辑	洪 刚　李悄然
封面设计	于 欣
责任印制	刘 巍
出版发行	江苏凤凰文艺出版社
	南京市中央路165号，邮编：210009
网　址	http://www.jswenyi.com
印　刷	河北中科印刷科技发展有限公司
开　本	880毫米×1230毫米 1/32
印　张	8
字　数	243千字
版　次	2022年3月第1版
印　次	2022年3月第1次印刷
书　号	ISBN 978-7-5594-6380-7
定　价	69.00元

江苏凤凰文艺版图书凡印刷、装订错误，可向出版社调换，联系电话：010-87681002。

企业家推荐

在当今的互联网时代，要想成功，必须做出爆品，有引爆市场的产品和策略。温水你哪怕做到99℃，也没啥用。唯有沸腾之后，才有推动历史进步的力量。"一切以用户为中心，其他一切纷至沓来"。所谓"以用户为中心"，就是说：别想别的，先把产品做好吧！做成大家都想要的爆品！

——雷军，小米集团创始人、董事长兼CEO

爆品是一个信条，相不相信、有没有魄力只做一个单品，做到这个品类的市场第一。产品线不聚焦难以形成规模效应，资源太分散会导致参与感难以展开。爆品是互联网时代必备的产品思维，金错刀是深入研究"爆品战略"的第一人。

——黎万强，《参与感》作者

做爆品先要有勇气和决心，背水一战才能一战成名。做爆品也要有毅力，十年磨一剑，要耐得住寂寞。做爆品更需要方法，要找到产品与用户内心深处产生共振的方法。

金错刀，一把帮助大家解剖爆品奥秘的快刀。

——张峰，小米集团合伙人、高级副总裁

在这个破坏、重构与巨变的时代，所有中国家电企业的商业模式已经失效。我有一次问马云，传统企业怎么进行互联网改造，他说了一句话：关键取决于你——董事长。美的正在对企业进行一场翻天覆地的组织改造和文化改造，所有的组织结构围绕用户来设计，目的就是打造爆品。金错刀提出的爆品战略，本质是用户战略，极致＋口碑，也是创始人的必修产品课。

——方洪波，美的集团董事长

元气森林自成立以来，始终坚持用户第一、坚持做极致产品，为更多人美好生活做好一瓶饮料。元气森林的爆品逻辑，就是利用已经被验证过的商业模式，在充分竞争的大红海寻找新的蓝海。我也相信中国消费品牌只有坚持产品创新，不断为用户创造出更多健康、美味的产品，才能参与到全球竞争中来。

——唐彬森，元气森林创始人

正如金错刀所说：产品是1，营销是0。在互联网上，一切中间环节被砍掉，只有产品够尖叫，你才有通过营销放大10倍、100倍的威力。一个靠渠道、靠营销引爆市场的时代已经结束，如果产品本身不够尖叫，在互联网时代一切皆会归零。所以读《爆品战略：案例篇》一书就是去帮你找到N个0前面的最初那个1。

——江南春，分众传媒创始人、董事长

名创优品有一个核心战略，就是打造变态级爆品。这也是一个爆品方程式：爆款产品产生海量用户，产生极致口碑，从而打造品牌。用户的购买习惯发生大变化，零售业的王道必须是爆品驱动发展。金错刀的"爆品战略"也是零售业的一堂必修课。

——叶国富，名创优品董事长

这是一个时代的大机会，爆品成就品牌。消费者越来越理性，越来越成熟。只要你做的产品、你的品牌能符合这个时代消费者的需求，你就有市场，消费者就会买账。通过更创新的爆品，提高颜值，提升技术，满足中国消费者的消费升级和个性化需求，这是中国本土品牌大崛起的机会。金错刀的"爆品战略"也是本土品牌的战略方法论。

——王旭宁，九阳董事长

爆品用极致干掉杂牌，爆品用高效干掉大牌。爆品一定为用户做减法：找准用户痛点做创新，以用户思维做产品。爆品一定为产品做除法：在一厘米宽的地方，做到一公里深，专注、极致会助力高销量和高复购率。技术成就产品，而爆品成就品牌。金错刀的"爆品战略"也是国产品牌的升维武器。

——周文江，红豆居家总经理

大爆品成就大品类，大品类成就大品牌。产品是品类冠军的关键所在，极致的好产品就是爆品。酒仙网的核心战略就是群爆品+爆营销，用爆品让用户尖叫，用口碑让粉丝引爆。金错刀的"爆品战略"，也是零售业未来的战略。

——郝鸿峰，酒仙网创始人、董事长

大爆品成就大品牌。"用户"二字贯串了SKG品牌从诞生到崛起、产品从无到有的全过程。以用户为中心也是SKG创新战略的核心法则，遵循高品质、高颜值、好口碑三重标准。坚持长期主义，坚持做对的事情，不断迭代，不断推陈出新，一切为了不断满足甚至超越用户的期望。

——刘俊宏，SKG创始人

爆品是新品牌快速成为品类冠军的核心战略。理想的爆品，就是用户购买决策成本几乎为零的产品。家电行业打爆品的背后，有几个核心逻辑：极致的差异化创新，货真价实的性能突破，以用户为中心的细分市场挖掘。通过群爆品打法，中国本土品牌也能跟国外大牌进行PK。金错刀的"爆品战略"也是新品牌快速崛起的新武器。

——杨华，纯米科技创始人兼CEO

爆品战略不是靠规模制胜，而是超级单品革命。所有企业的成功都是战略大单品的成功。爆品的背后是极致的用户思维，一是极致地找到消费者的痛点，二是极致地打造强差异化的创新产品。金错刀的"爆品战略"，也是超级单品革命背后的方法论。

——王斌，洽洽食品副总裁

自 序

没有大爆品必被淘汰

《爆品战略》这本书出版后,我跟上千位企业家有过深度交流,我听到了两种声音。

一种是:太难了!

"我被吓出一身冷汗!生意还没开始做,就已经被库存压得很痛苦了。"

"多一个SKU(单品)多赚一点钱的打法根本没有出路了?"

"死活搞不定年轻人!线下业绩下滑了20%!"

一种是:太狠了!

"中国产品干翻国外大牌。"

"下一个十年,中国爆品全面登场!"

"五年前,爆品是非常态,是少数人的武器;今天,爆品已经变成了常态武器，甚至是唯一的武器！"

放眼整个中国商业领域，爆品已经成为很多中国品牌和全球大牌正面PK（竞争）的核武器。

在2014年世界互联网大会上，小米集团创始人、董事长雷军说："五至十年后，小米会成为世界第一的手机公司。"苹果高级副总裁当场回应："说起来容易，做起来难。"全场哄堂大笑。

就在2021年6月，小米全球销量占比达到17.1%[1]，超越三星和苹果，首次成为全球第一。

我经常说一句话：爆品也是时代的风口，给了我唯一的机会，能够跟伟大共舞！

爆品是什么？

爆品是穿越周期的大单品战略！

爆品是以用户为中心的创新战略！

爆品是提升利润的效率革命！

爆品是护航品牌的强武器！

2016年《爆品战略》这本书出版之后，畅销几十万册，"爆品""爆品战略"很快成为热词，我记得当年的"双11"，很多公司的广告都是"爆品来袭"。爆品战略就像一根针，一下子捅破了

---

[1] 数据源自Counterpoint Research于2021年8月的研究报告。

中国企业增长的神经。很多传统企业开始通过打造爆品实现企业的升级：一手抓用户，一手抓供应链，两手都要硬，实现企业战略、供应链、营销的全面升级。

爆品战略从少数思维领先者的必备武器，上升为99%传统企业都要掌握的战略性武器。特别是新冠肺炎疫情对线下销售断崖式的冲击，让很多传统企业老板意识到，如果说在过去爆品短板只是会让公司增长放缓，那么现在有没有爆品将决定企业的生死。

爆品战略如何成为99%传统企业的战略武器？

这就是本书要解决的核心问题。

它的核心关键词是：让更多企业通过爆品成为品类冠军。

举个例子，有个家居行业的学员，营业额几十亿元，有上千个SKU，但没有大爆品，最大爆品的销售额才2000万元，要知道在小米，一个大爆品是以百万台的销量、以几亿元或几十亿元的销售额为目标的。受新冠肺炎疫情影响，他们想直播带货，但PK不过新的网红公司。现在，通过爆品战略的升级，实现了群爆品的矩阵，甚至有了一些爆品操盘手。

本书出版的背后，也是我对自己的一个升级：我给团队确定了一个具体目标——打造100个品类冠军。下一个10年，我们将通过真真切切的方法论落地和赋能，亲手推动100家企业成为十亿级、百亿级的品类冠军。

《爆品战略：案例篇》不只是一本书的升级，也是中国传统企业产品战略的一次全面升级。

本书有三个大的实战升级。

升级一：老板升级战略

很多人对爆品有三大误解。

第一个误解，很多人觉得爆品是低价策略。绝对不是。爆品战略是一个"组合拳"，是一套系统打法。有这种误解的人主要是受电商爆款的影响。很多电商爆款是靠低价占领市场，但这只是爆品矩阵中很小的一块，我们称之为流量产品。在爆品矩阵里，流量产品负责吸引流量，旗舰产品负责盈利和打造品牌。

第二个误解，很多人觉得爆品只适合线上。绝对不是。爆品的本质是效率革命，电商企业是必须这么干的，很多传统企业是未来必须这么干。

第三个误解，很多人觉得爆品是个产品战术。绝对不是。爆品战略的本质，是"战略+爆品+爆点营销"三位一体的增长战略，是对传统的供应链、产品、营销、研发、渠道等关键环节的效率大升级。

我们做了一系列的深入研究，发现中国老板有四大痛苦。

第一，老板升级困难症。打法太传统，产品力太差。

第二，高管做不到症。有高管，但是没有产品操盘手。

第三，大爆品缺乏症。做了很多SKU，却被对手一个SKU干掉。

第四，电商不力症。不懂打法，只会低价促销。

我觉得这是战略性硬伤，核心问题就是"产品巨婴症"，特别是跟国外很多成熟品牌对比，这个问题尤为突出。这些老板在自己的领域极其专业，但是他们在公司最重要的关键战略——以产品为中心的战略上还有点巨婴思维。

老板怎么升级？

本书有几个关键词：

爆品成为顶层战略；

品类冠军战略；

操盘手战略。

这个思维转变之后，产生的能量是极其惊人的，甚至，只有打破这个思维天花板，才能真正超越那些国外大牌。我也发现，中国企业的创始人是一个最能奋斗、最高效、最能学习的物种，他们转变起来也很快，有的老板一夜之间就能变过来，速度惊人。

这也是我在《爆品战略：案例篇》里对老板最大的提醒：

爆品战略不是产品策略，而是重要的顶层战略！

爆品战略不是营销战术，而是高维的品牌战略！

爆品战略不只为产品赋能，更为品牌赋能！

这本书披露了一个含金量巨大的爆品公式：

价值锚 = 可感知指标 × 强差异化指标 × 供应链指标

升级二：产品升为爆品

互联网时代的公司分为两类：一类是普通产品型公司，一类是爆品型公司。

普通产品型公司的未来，要么被爆品颠覆，要么升级为爆品型公司。

这也是我在本书中的一个重要提醒：

爆品即品牌！

过去品牌的打法主要靠广告、营销、渠道，而爆品即品牌，它是用产品"组合拳"的打法，打造生意和势能的第一。

这套"组合拳"包含三种产品，第一种叫流量产品，第二种叫旗舰产品，第三种叫格调产品。

设计流量产品，相对比较好理解，是通过极致的性价比，用产品来拉动用户流量的方式。

设计旗舰产品则是为了扩大生意规模和增加利润。

但只靠这两者，是无法建立护城河的，把格调产品做好才能应对所有人的挑战。

格调产品是什么？是能提升品牌势能和用户关注度的产品。

用户不一定买，但用户会点赞。

比如，2010年李宁认为产品定位不明确是阻碍公司快速增长的主要原因，于是花了几十亿元换logo（标志），打造品牌，把品牌标语改成"Make the Change"（让改变发生），但年轻人根本不买账。

在痛苦了几年之后，从2016年开始李宁的销量实现了爆炸式增长，这个转折点就是格调产品的出现，因为他终于发现仅靠低价无法实现公司的持续增长。

现在李宁的店铺里有一个最重要的产品，叫走秀款。过去年轻人觉得李宁特别土，现在几乎每个时装周李宁都会去，"李宁闪耀巴黎时装周""李宁艳压大牌"等话题还上了微博热搜，关键这招把年轻人给搞定了。

本书中有很多爆品战略的实战案例，例如红豆居家是怎么样通过爆品升级品牌的，这是红豆居家CEO（首席执行官）周文江对自己的灵魂批判。

他跟我说过去做产品，本质是批发商思维，批发商思维是品牌和用户沟通的"拦路虎"，是品牌的"吸血虫"。事实上，今天我们好多人还是批发商思维，要尽快改掉批发商思维。

红豆居家过去在产品上不断做加法，花很大心思研发的产品却卖不动，痛定思变，现在他们做了几个大爆品，其中之一是发热内衣。不仅拉升了销量，也拉升了品牌势能。

用户要的是说服和利益，而不是曝光。

这也是我在本书中的提醒：

传统产品最大死穴，只有曝光没有说服！

这本书还披露了一个含金量巨大的爆品公式：

大爆品＝大痛点 × 尖叫价值锚 × 爆点营销

升级三：粉丝即流量

未来十年，什么样的产品称得上中国爆品？

我总结了三个字：痛、尖、爆。

第一，"痛"说的是大痛点，必须抓住大品类和用户的大痛点。比如，在饮料行业，无糖已经成为用户的大痛点，所以有了市值几百亿元的元气森林。在内衣行业无钢圈是用户的大痛点，几年时间就催生Ubras这样强悍的爆品杀手。

第二，"尖"说的是产品必须尖叫，做到极致差异化。小米电视几年时间做到出货量全国第一，有一个极致差异化点就是大屏。我们学员做的洽洽小黄袋是个十亿级爆品，它的差异化在于把新鲜做到极致。

第三，"爆"指的是营销要爆，但这里不是说传统的广告投入有多强，而是刺激用户爆炸性裂变。比如我们的学员做的红豆居家,它是一家传统企业,过去只有少量粉丝,后来专门成立了"红粉会",积累了千万粉丝,可以不断形成营销裂变。

新冠肺炎疫情给市场带来的最可怕的冲击是什么?

是我们传统的流量模式失效了,这种流量模式的失效是企业升级、进化必须重视的。

现在很多传统企业都开始升级,从加盟到直营的升级,从卖货到大数据的升级,但是一直没有把数据变成流量池,特别可惜。

粉丝的高频连接是爆品升级的核心,把用户变成我们的粉丝。

粉丝即流量的背后,是传统营销向新营销的全面升级。

本书有几个关键词:

爆品级表达;

种草营销;

发布会营销;

PK营销。

这本书披露了一个含金量巨大的大爆品流量公式:

爆点营销=5000个抖音视频／微信公众号文章／小红书种草文章+发布会电商带货+PK营销事件

新浪潮来势汹汹。

和以往所有浪潮一样，有多少企业会被拍死、被遗忘，就会有多少企业乘风破浪、扶摇直上。

一针捅破天的爆品是一个巨大的变量，也是一个新式武器。

中国未来所有行业的前三，一定会是中国本土的爆品型企业，行业前端也都会是本土爆品型企业。

但在那之前，所有企业家都要深刻意识到：

所有行业99%的产品，都值得重做一遍，也必须重做一遍！

目 录

第一章 大爆品定天下 / 1

一针捅破天 / 3

强悍的差异化武器 / 6

低成本10倍级引爆 / 10

什么是大爆品 / 13

大爆品可以带来什么 / 21

第二章 产品巨婴症 / 29

一个价值百万的难题 / 31

产品巨婴症 / 37

缺失的爆品操盘手 / 44

第三章　价值锚：爆品之魂 / 49

以用户为中心的微创新 / 51

价值锚vs信任状 / 56

价值锚的三个标准 / 61

大爆品的"金三角法则" / 66

【案例】洽洽小黄袋：如何靠爆品战略干到品类第一 / 68

第四章　品类战：成为品类冠军 / 73

品类冠军战略 / 75

90%的企业死在这一关 / 79

肥大高频的传统品类战 / 84

快速增长的细分品类战 / 85

爆发式增长的新品类战 / 86

【案例】云米的品类战武器 / 88

如何进行品类聚焦 / 92

【案例】元气森林：如何快速成为新品类王者 / 95

第五章　痛点战：伪痛点是战略死穴 / 103

定一级痛点 / 107

贪：性能战 / 111

【案例】小米移动电源：找到一级痛点打爆一个行业 / 113

嗔：颜值战 / 115

【案例】花西子：如何用颜值打造雕花口红爆品 / 116

痴：性能+颜值战 / 118

【案例】足力健：怎么找痛点做出大爆品 / 120

第六章　尖叫产品战 / 125

产品是1，营销是0 / 127

PK对象 / 131

流量产品战 / 134

【案例】铜师傅：爆品聚焦与砍SKU / 137

旗舰产品战 / 140

尖叫=超预期的口碑 / 144

价值锚1：可识别 / 149

【案例】极米：靠"慢"干到第一的极致差异化武器 / 152

价值锚2：可感知 / 156

价值锚3：可跑分 / 160

【案例】红豆居家：如何靠大爆品生死转型 / 164

第七章　爆点营销战：粉丝即流量 / 173

粉丝＝10倍级引爆的核武器 / 175

粉丝营销引爆 / 178

发布会引爆 / 187

事件营销 / 189

第八章　爆胎三大陷阱 / 197

不痛点：把二级痛点当一级痛点 / 199

不尖叫：非核心点用力过猛 / 200

没有爆品操盘手 / 202

【案例】陈克勇：价值2500万元的快速冲奶机 / 205

第九章　爆品操盘手三项修炼 / 211

不傲慢 / 216

不贪婪 / 217

不要讲太多为什么 / 219

【案例】小米手机生死抉择：雷军的爆品武器 / 220

42个爆品案例的思维导图 / 233

第一章
大爆品定天下

一针捅破天

2017年，王思聪发布了一条有关100英寸电视的炫富微博。Sony Z9D当时的价格是499 990元，毫无疑问的富豪专属。

2020年3月，小米发布了一款98英寸的Redmi MAX智能电视，售价19 999元。

王思聪肯定没想到，中国的一家公司只用了3年，就让这个富豪专属神器进入了普通人的家庭，更狠的是，价格降到了Sony Z9D价格的1/25。

后来，小米又发布了一款86英寸的智能电视，第一批货的价格是7999元。

小米电视，是小米最被低估的杀手级爆品。

2017年到2019年，中国电视市场持续3年低迷，而小米电视却持续3年逆势增长。2019年，小米电视的出货量约为索尼电视的10倍、三星电视的10倍、LG电视的68倍，小米成了中国电视市场上第一家年出货量突破1000万台的企业。

2021年，小米电视全年出货量稳居中国第一、全球前五，已经成了目前小米最成功的物联网品类之一，也是小米进军大家电市场的底气。

雷军曾经发布小米发展的三大铁律：技术为本；性价比为纲；做最酷的产品。

这三大铁律在电视这个品类上太难推进了，其中最关键的爆品突破点就是大屏电视。

小米高级副总裁张峰曾说，98英寸电视是一个在产品立项的时候大家都觉得绝望，甚至认为是不可能的产品，"在产品定义的时候，必须努力把自己逼到墙角"。

小米有一个内部考问：怎么样才能做出一款好的产品，最好是能让用户尖叫的产品？既然我们设计产品，就一定要做一款我们想要的产品。

那我们想要的是什么样的大屏电视呢？

张峰说："举个例子，86英寸这个品类，过去几乎没有数据，我就根据86英寸的大小在办公室墙上画了一个框，我每天都在看，一直在体验86英寸，不知道消费者会不会喜欢。慢慢就有了一个坚定的想法，大屏就是王道。过去很少有企业会挑战85英寸以上的电视，还有一个原因，也是过去用户非常大的购买障碍——进不了电梯。"

为了让大屏电视能进99%的电梯，小米升级了包装。按照中国电梯的设计规范，标准高度是2.1米，但小米公司实际测量的时候发现好多电梯都只有2米，有相当一部分进不去。

经过反复思考，小米把它的外包装从白色普通的那种传统泡沫，换成了密度更高的工程泡沫，成本几乎是传统泡沫的3倍。

但在后来测试的时候，发现高度2米的电梯是可以进，但是如果这个电梯宽度不是标准的，还是有5%的电梯可能进不去。所以小米又改了包装，把两边的角都切掉，确保这款电视机不拆包装也能进入99.9%的电梯。

小米内部有一个词，叫"反惯性"，有时候一直在惯性的延长线上，很难真正做到让用户尖叫。

小米产品一直都以发烧著称，事实上，复盘过去的小米电视，一直都在反惯性。

一代小米电视推出的11键遥控器，已成为今天的电视交互模式标准。二代小米电视推出的独立音响，已成为现在所有电视的配置潮流。三代小米电视推出的分体电视和超薄电视，带动了整个市场的电视分体化趋势。

超级大爆品，不是靠钱，不是靠资源，不是靠品牌，不是靠庞大的团队，而是靠爆品级产品的定义能力。传统产品为什么经常被互联网公司、电商公司降维打击？就是因为他们没有掌握爆品级产品的定义能力。

请注意，小米大屏电视的成功有三个关键的因素。第一是超级大的品类；第二是超级大的差异化，把大屏做到极致；第三是超级强的口碑引爆，甚至在很短的时间内产生了指数级的增长，做到品类第一。

那么什么是大爆品？

强悍的差异化武器

2019年，上海的一家酒店。

曾经的安徽首富、超级低调的洽洽董事长陈先保一改往日的风格，表现得高调起来。他说："我们要all in（全力押注），尽快将洽洽的每日坚果做到行业第一。"

这是因为陈先保的内心有一个痛苦的瓜子魔咒：成也瓜子，困也瓜子。从洽洽瓜子成立，到2011年洽洽瓜子成功上市，可谓顺风顺水。2008年，洽洽的销售额首次突破20亿元。2012年，陈先保以30亿元的身家登上了当年安徽首富的宝座。

但是，随着市场的不断发展、干果产品的不断迭代，洽洽瓜子作为一个老品牌，越来越痛苦。内忧巨大：主要是瓜子品类自身的天花板，洽洽已经做到国内市场的绝对第一，一年也就几十亿元的销售额。

陈先保早就意识到了这个危机，也尝试了多种方法来突破困境。2010年，洽洽食品推出了喀吱脆薯片，2013年推出了啵乐冻，杀入果冻领域。此外，公司又通过收购洽康，推出了牛肉酱、豆干、怪U味、奶香花生等。不过，这些突破基本都以失败告终。

陈先保很痛苦！

外患更生猛：一个企业横空出世，以迅雷不及掩耳之势冲击了洽洽，颠覆了整个行业，这个企业就是三只松鼠，被称为A股的"坚果类零食第一股"。

陈先保很痛苦！转型刻不容缓！

洽洽怎么找到撒手锏？关键是思考清楚两个问题。第一，如何干每日坚果缔造者沃隆；第二，如何干三只松鼠等互联网品牌。

在过去，洽洽的一个强悍武器是上央视，打广告。洽洽瓜子成立第一年盈利300万元，当时陈先保不顾公司高层反对，一意孤行在中央一台抢先砸400万元打广告。同行说他是疯子，当然陈先保不为所动，宁可借钱也要投下这笔天价广告费，事实上这也让洽洽杀出了重围。

但是今天环境发生了天翻地覆的改变,靠砸广告这种营销方式已经很难杀出重围。洽洽找到了一个新的爆品武器——差异化。虽然不是最早一批杀入每日坚果品类的企业,但洽洽是每日坚果品类中在产品上砸钱最多的企业之一。

洽洽小黄袋这个产品最强的一个差异化点叫新鲜。一方面是技术,为了保证产品新鲜,洽洽小黄袋采用了充氮包装,里面又加了吸氧剂和干燥剂。由此可见,洽洽掌握了关键保鲜技术,而且把保鲜做到了强力可感知。

另一方面是原料的差异化,洽洽小黄袋中的七种原料来自七个国家,而且是直采的,肯定是全球最好的坚果。为了保证产品的新鲜,小黄袋的蔓越莓不抽汁,核桃是现剥现用的,并且洽洽将这些关键信息印在了包装上。由此可见,小黄袋把新鲜做到了强力可视化。

凭借着强悍的差异化武器,洽洽每日坚果不是客单价最便宜的,甚至是有点贵的,但口碑非常好,卖得也非常棒。

在洽洽小黄袋上市初期,罗永浩只用短短3个小时,就卖出了200多万袋;在"双11"期间,洽洽小黄袋单小时平均发运量更是达到了惊人的6000多单。

洽洽小黄袋这款产品的销量随后也产生了爆发性的增长。销售额市场占比从2016年的3.07%,到2017年的6.86%,再到2018年的11.97%、2019年的17.06%。

最重要的是洽洽小黄袋让洽洽看到了一个爆发性增长的可能，甚至是一个再造洽洽的可能。洽洽的高管说："这可能是一个千亿级市值的机会，洽洽瓜子是零食，但洽洽坚果就能成为主粮。"

洽洽小黄袋是一个超级大爆品，它的成功有三个关键因素：第一，杀入了一个新的超级大品类；第二，产品有超强的差异化卖点——保鲜；第三，超级快速的市场引爆。

请注意：在洽洽小黄袋的成功元素中，最大的指数级改变是差异化卖点——保鲜，而不是烧钱砸广告。过去传统时代的很多超级产品，其实源于营销创新。

小黄袋这个产品，让我们重新思考传统企业在升级转型过程中，如何用高维武器实现转型升级。传统品牌如何用爆品工具实现年轻化，甚至引爆年轻人的市场！

那么，如何定义大爆品？

低成本10倍级引爆

2014年，铜师傅创始人俞光面对着工厂里的铜工艺品，很痛苦，也很兴奋，甚至眼睛里布满血丝。

怎么才能爆起来？

铜师傅从事的是冷门的传统工艺行业——铜工艺品，很难引爆。但是，在2015年"双11"中，铜师傅一举成为家居饰品类目的销售冠军；他们用一款19.9元的铜葫芦，让店铺在"双11"流水达到1500万元。

铜师傅2016年的销售额突破1.06亿元，2017年达到了2.5亿元，2018年冲刺10亿元，到今天市值已经超过了10亿元！铜师傅连续几年蝉联天猫家居饰品类目第一名，铜木主义家具也首次进入了住宅家具类目40强。

有两款大爆品产生了巨大杀伤力：

一款铜葫芦，一年卖出450万元，获得百万付费"铜粉"，成为品类之王。

一款小板凳，几个月卖出1157万元，杀入铜木家具市场全新品类。

如何用大爆品打造互联网家居饰品杀手，以下是铜师傅创始人俞光的原话：

2015年的时候，我在微信上看到了金错刀老师的爆品战略总裁营的招生广告，我马上报名。那一期的分享嘉宾就是生产充电宝的紫米公司的老总张峰。张总应该是个理工男，他上课的PPT都是一堆表格。但是听完分享，我是真的震惊了，一个小小的充电宝，要做好，竟然有那么多的问题要解决，更震惊的是他们最早想定价199元，后来给砍到了99元，最后在上线之前，又砍到了69元，我觉得他们是做产品做疯了。

小米怎么干，我就学着怎么干，虽然学得不是很像，但因为我是跟着一个"绝世高手"学武功，虽然只学到一点点皮毛，但在我们这个传统和冷门的行业里面，足以把那些东西做得烂、价格定得贵的友商打败了。

在大多数人印象里，铜工艺品就是黑乎乎的那种仿青铜器物。事实上我原来也没想过这东西能做爆品，直到我了解了什么叫爆品。

俞光对爆品的定义是：别人无法做出来的东西。
一、可以是品质。

二、可以是性能。

三、可以是价格。

四、可以是综合。

三个都搞不过别人,但综合起来能胜过别人,也是爆品。所谓爆品,至少需要在其中某一方面做到突破。

铜师傅是怎么打造铜工艺品爆品的?

首先是品质:铜师傅这种工艺品,因为都是手工制作,对工人的要求很高,俞光的解决方法是提高工人的综合审美水平,他专门从美院请老师给所有工人做素描和水彩培训,虽然提高了人工成本,但效果很好。

还有就是抓检验。铜工艺品没法用机器做质检,只能人工看。就用人海战术,人人盯,俞光的规定是做坏产品不赔钱。

然后是服务:

第一是快递,铜师傅选择的是顺丰。

第二是发票,19.9元的葫芦,每个都附上了增值税发票。虽然增加了工作量,但买家觉得铜师傅靠谱规范,30%的好评都提到了发票。

第三是售后,15天无理由退货。

俞光的爆品心得：

铜师傅属于传统的工艺品行业，我个人也是门外汉，完全不懂互联网和互联网营销。每天都靠晚上两小时的学习，看别人怎么做，然后模仿，摸着石头过河。在此之前，我一直认为铜工艺品是一个很小众、冷门和低频的项目。但是通过慢慢探索，我发现就算非常小众的东西，也会有很大的市场。

请注意，在铜师傅成功的因素中，最大的指数级增长的因素是品类——铜工艺品。

中国很多传统品牌，很多传统品类的王者，他们面临一个非常大的难题：转型升级。通过大爆品杀入一个大品类，并成为品类冠军，就是10倍级增长的高维武器。

那么这种通过爆品杀入新品类的模式，如何复制？

什么是大爆品

这三个故事的背后，就是本书要解决的一个关键问题：什么是大爆品？

先回顾一下《爆品战略》这本书，我们在《爆品战略》这本书里提到爆品的定义：爆品就是一款或几款能够实现一年10个亿、100个亿，甚至1000亿元的销售额，而且能够形成强口碑传播的产品。

爆品战略，是打造爆品的核心方法论。

大爆品，是爆品战略落地的第一路径。

这个方案的核心是一切以用户为中心的微创新，"在一厘米宽的地方，做到一公里深"，打造极致差异化产品。通过用户口碑引爆市场的一整套策略方法，包含用户战、产品战、营销战的整套组合拳。

换句话说：《爆品战略》这本书出来之后，我们通过书、论坛、总裁营、内训和咨询等各种路径，推进爆品战略在中国企业的广泛落地。

我们发现不管是企业还是个体，他们都遇到一个巨大的爆品落地难题，而要想落地爆品战略，必先打造一款或几款大爆品。

那么什么是大爆品呢？就是通过深度战略聚焦，确定和打造一款或几款能够在超大的品类中有超强差异化，并且能够快速引爆口碑的产品。通过大爆品产生爆炸级的销量和口碑，在主品类或细分品类干到品类第一或领导地位。

超级大爆品的背后，是把爆品战略的方法，在企业运营的各个环节落地升级。通过大爆品机制、爆品操盘人机制、大单品营销战的机制，来实现总体效率的提升。

传统工业时代的超级大爆品很少，但在互联网时代必须拼超级大爆品，超级大爆品是成功的必需品，也是最强的效率武器。

传统工业时代经常讲一句话，叫定位定天下。这意味着在传统工业时代，广告营销才是驱动增长的核心引擎。

而在互联网时代必须记住一句话，叫大爆品定天下。任何行业、任何品类、任何公司如果没有超级大爆品，就没有话语权，就丧失了驱动增长的强力引擎。

定位定天下

传统工业时代

大爆品定天下

互联网时代

▲ 再强的定位，都很难建立护城河；
大爆品才是新的护城河

例如，手机行业可能是竞争最惨烈的行业，也是中国产品、中国品牌最具竞争力的行业。华为与小米甚至能跟苹果、三星这些国际大牌正面对决。

但请注意，手机行业如果没有超级大爆品，再大的品牌、再强的定位，也会很快被干翻。此前是诺基亚和黑莓，离得近的是金立与酷派。

有大爆品才有江湖地位。

有大爆品才能指数级增长。

有大爆品才能低成本引爆。

我所说的大爆品，有三个关键的"大"。

第一个"大"：超大的品类。只有超大的品类才能产生超级大的销量和利润。只有超级大的品类才能孕育出超级大单品，小而美的品类是产生不了超级大爆品的。

超级大的品类的背后，其实是对用户大需求的大数据洞察。俗话说：男怕入错行，女怕嫁错郎。大单品就怕选错品类。

举例来说，手机行业有两个超级大的品类，一个是拍照手机品类，一个是千元机品类。不管是小米还是华为，都要通过超级大单品占据这两个大品类。

有的人批评说既要做高端的拍照手机品类，又要做千元低端手机品类，会引起用户定位的错乱，这就叫刻舟求剑。其实不然，因为抓住超级大的品类，打造超级大爆品，才是真正增长的规律。

第二个"大"：超大的差异化。差异化就是我的产品有独特的销售主张，有独特的价值点。跟其他产品相比，有超级强的差异化。

超级差异化背后有两个含义：第一，对手难抄袭；第二，用户可感知超级差异化。

我认为的差异化不是站在公司立场的差异化，而是让用户感动、让用户尖叫的差异化。

举个例子，中国企业特别擅长低价竞争，但是特别不擅长差异化竞争。中国人爱喝白酒，这几年我见过各种各样奇形怪状的酒瓶，有的酒瓶做成了砖头的模样，有的做成了秦始皇的皇冠的样子。

前段时间有个学员拿了一款白酒让我看，按照这个学员的说法，这款白酒最大的特点是它是中国唯一的一款弱碱性白酒。中国唯一是不是差异化？当然是。但很多中国企业、产品的营销人员有一个非常大的误区。

我发现中国60%以上的产品都是盲目差异化，不是真正的差业化。什么意思？这种差异化是一种伪差异化，它不是以用户为中心，而是以自我为中心。

第三个"大"：超大的口碑引爆。它可以带来指数级增长，甚至能在细分品类干到第一，或者是前三。

快速的口碑引爆，是大爆品的一个重要的特征。你的产品不仅能够打动用户，而且能激发用户产生链式传播。

名创优品是通过大爆品来进行口碑传播的经典案例。名创优品创始人叶国富有个一个核心战略，就是打造变态级爆品。什么是变态级爆品？就是绝对刚需、绝对性价比，能获得超高销量、超高销售额的产品。

叶国富认为，质优价廉才是零售业的根本，实体零售想要崛起，产品是第一要务，最好的切入点是质优和价廉的平衡点，而不是简单的线上＋线下。

名创优品的爆品打造方法，我把它总结为"三高三低"，就是：高颜值、高品质、高效率；低成本、低毛利、低价格。

为了高颜值，名创优品在全球有日本、韩国、北欧和中国四个设计师团队，整个设计研发团队人员超过了200人。他们全年在设计上的投入在连锁零售实体行业是非常少见的。

为了极致性价比，名创优品在全球范围内选择知名品牌的供应商，抓供应商的审核，把住品质关口。叶国富的秘诀是：大批量采购、缩短渠道、加强监管。

叶国富认为，必须让商品回归到商品的本质。要知道，有些时候做加法不难，难的在于做减法。名创优品的产品开发宗旨是在保证功能的同时将成本降到最低，这是一个"简而不减"的艰难过程。

叶国富在爆品战略总裁营上甚至公布了一个爆品方程式：爆款产品产生海量用户，进而产生极致口碑，从而打造品牌。

举个例子，名创优品有一个爆品叫名创冰泉，产品打磨历时3年。一方面颜值高，瓶身外观做了高颜值的设计，甚至申请了外观专利；另一方面性能强大，瓶身厚度几倍于市场上的普通品牌，高温下能够保证水质不变。而且价格并不贵，是名创优品的大单品，产生了强大的用户口碑。

我认为互联网时代所有的企业都会出现两极分化，第一个叫普通产品型公司，第二个叫爆品型公司。

普通产品型公司，它的特征有三个：第一，大爆品缺乏；第二，离用户远；第三，不懂互联网营销。

而爆品型公司则有三个典型特征：第一，有尖叫级的超级大爆品；第二，以用户为中心；第三，互联网流量战能力强悍。

这种大爆品模式是完全可以复制的，而且也是传统企业转型、互联网创业创新的必修课。

如果你没有大爆品，你就是普通产品型公司。普通产品型公司，就会有其他的大单品来颠覆你。

大爆品可以带来什么

大爆品需要极端的意志力，但能带来超级大的好处。超级大爆品要求公司和个人学会爆品级的聚焦，而非普通级的聚焦。

什么叫爆品级的聚焦？围绕用户最关心的价值点，打深打透，挖地三尺。"在一厘米宽的地方，做到一公里深"，而不是浅尝辄止，更不是水过地皮湿。

事实上从普通到优秀，首先要掌握爆品级的聚焦能力。爆品级聚焦，学会做减法；普通级聚焦，不会做减法。

人性本贪，大部分人的心理认知上认为做多做全是安全的，不把鸡蛋放在一个篮子里，也是安全的。

但请记住：做多是本能，做少才是本事！

超级大爆品是个高维的战略方法，它不是低维的战略方法。掌握高维的方法很容易打败那些使用低维方法的公司和个人，我们称之为降维攻击。

说得再直接一点，超级大爆品战略，就是用手机行业的爆品打法，干一个传统产品。

我们有很多学员来自家电行业。他们跟我说得最多的是，家电行业竞争惨烈,红海一片,生意太难做了。

我的朋友、纯米科技创始人杨华,曾经是摩托罗拉的高管,2013年创业做了一系列家电产品,比如电饭煲、电磁炉。他说用做手机的方法做传统家电产品,感觉满眼都是空白。市场全是蓝海,对手挺弱的。

事实上杨华在几个细分品类上都做得很好,比如"米家压力IH电饭煲"上线后在很短的时间内就干到了细分品类第一,2017年上线的米家电磁炉,全网一秒售罄!

20年前定位对很多中国企业来讲是一个高维方法。但是20年后,在这个产品过剩的时代,定位战略也成为一个低维的方法。

很多案例,很多故事,让我们看到了很多传统企业花大钱大精力做了一个定位,但在很短时间内被一款超级大爆品干翻!超级大爆品是个低难度、低成本的效率武器,不是高难度、高成本的效率武器。

超级大爆品的背后是一场效率革命,但真正强悍的效率武器一定要满足"两高两低":高增长、高差异化,低成本、低难度。

但很多效率武器做不到"两高两低",只能做到"四个高":为了实现高增长、高差异化,而必须采取高难度、高成本的方式。这是超级大爆品模式坚决反对的!因为它不利于复制与标准化，更不利于效率的大幅度提升。

说得直接一点，超级大爆品就是以低成本的方式实现指数级增长。它有三大好处：

第一，实现个人的指数级增长。

第二，实现产品的指数级增长。

第三，实现公司的指数级增长。

第一，实现个人的指数级增长。个人怎样才能实现指数级增长呢？用大爆品思想武装个体，把自己当作大爆品来经营。

举例，成功的网红就是通过把个人当成爆品来打造，实现了指数级增长。李佳琦能成为带货"一哥"，很多时候销量甚至比明星都强，就是因为明星只有品牌思维，没有爆品思维。说得再具体一点，就是不擅长聚焦大品类。他们不擅长以用户为中心的选品，也不擅长引爆来自用户的口碑能量。

第二，实现产品的指数级增长。很多普通产品型公司，它们的操作模式一般是铺很多渠道，砸很多广告，但做得好的只能带来稳定增长。只有大爆品，有超强的差异化，引爆用户的口碑能量，才能够产生1倍甚至10倍的指数级增长。

我有一个学员在江苏南通做一家纺织品企业。作为创始人，他有一次跟我说："金老师，我们传统企业打造爆品太痛苦了！

缺思路、缺方法、缺人、缺互联网营销……"

他们过去90%的精力都不在产品上，而在营销上，搞渠道、搞加盟商、搞促销得心应手，如鱼得水。我问他，这么痛苦，为啥还在落地爆品战略？他想了想说："因为传统打法增长有限，只有做出爆品才能实现指数级增长。"

第三，实现公司的指数级增长。公司要想获得指数级增长，一个大爆品是不够的，它需要几个，甚至一群大爆品。而且光靠一群大爆品还是不够，还需要一群爆品操盘手。

事实上很多中国企业严重缺乏大爆品，其主要原因是公司只有一个产品操盘手——老板，还不是爆品操盘手。关于爆品操盘手，本书后续会有专门章节去讲，因为这点非常关键，也是很多中国企业的死穴。

举一个我自己的案例：我精心准备了三年，在2010年出了一本叫《微革命》的书。我邀请了索尼前CEO出井伸之、创新工场董事长李开复、凡客创始人陈年、360公司董事长周鸿祎鼎力推荐这本书。

这本书有一个至关重要的思想：微创新是中国互联网公司干翻跨国巨头、征战全球的一个至关重要的核心武器。这本书的封面上，我们写着：《长尾理论》后，我们读《微革命》。

有人说《微革命》是中国商业史上一本重要的理论书籍，这本书也获得了很多媒体的推荐。但最后这本书卖了1万册，而且只印了一版，它创造的价值不超过100万元。

这就是个普通型产品的样子，我花了很大的精力，也没有获得很好的商业增长。反思这段过往，我在手机的备忘录上写了三个字：我错了。

2016年，我的《爆品战略》由小米创始人雷军亲自作序，美的董事长方洪波、分众传媒创始人江南春都推荐了这本书，也获了很多奖。

我在这本书的封面上写了一句话：爆品是一种意志力，是一种信仰，是整个企业运转的灵魂！这一次，我没有把爆品战略当作普通型产品来对待，而是把它当作超级大爆品来打造。

这本书卖了几十万册，有书评说，《爆品战略》是中国商业市场一本里程碑式的理论书！但更重要的是，这本书产生了指数级的增长！

第一，这本书成为一个大爆品，成为很多产品人、创始人、营销人的案头必备书，也成了很多企业的团购必备书。

第二，我们把金错刀也当作一个大爆品给打包运营，从一个普通的企业教练升级为亿级爆品教练。

第三，爆品战略总裁营也是我们的一个大爆品。几年时间，我们举办了一百多期，基本上都是创始人、高管参与。一万多位企业创始人和高管走进我们的课堂，一百家上市公司走进我们的课堂，我们课堂上也出现了一百多个大爆品的案例。

爆品战略咨询，也成为我们的一个超级大爆品。波司登、奥飞娱乐、SKG等都是我们的客户，我们跟这些公司创始人一起落地大爆品战略，培养爆品操盘手，输出大爆品定义战略。

爆品战略的IP值多少钱呢？有人说应该值几个亿。

其实这不重要。我在乎的不是销售额，而是能否持续做出让用户尖叫的产品，只要用户还在对产品尖叫，我相信所有的事都会水到渠成。

开启你的大爆品战略吧！

大爆品思维的行动指南

◎ 大爆品的核心定义：

1. 超大的品类。只有超大的品类才能产生超级大的销量和利润。

2. 超大的差异化。差异化就是我的产品有独特的销售主张，有独特的价值点。

3. 超大的口碑引爆。它可以带来指数级增长，甚至能在细分品类干到第一，或者是前三。

◎ 你是普通产品型公司吗？三个特征扫描：

1. 大爆品缺乏；

2. 离用户远；

3. 不懂互联网营销。

◎ 你是爆品型公司吗？三个特征扫描：

1. 有尖叫级的超级大爆品；

2. 以用户为中心；

3. 互联网流量战能力强悍。

◎ 不是烧钱砸广告，而是做差异化的大爆品。

案例：洽洽小黄袋这个超级大爆品，最大的"指数级改变"是差异化卖点——保鲜。

◎ 不是靠钱，不是靠资源，不是靠庞大的团队，而是靠爆品级产品定义能力。

案例：小米大屏电视的成功有三个关键的因素：第一是超级大的品类；第二是超级大的差异化，把大屏做到极致；第三是超级强的口碑引爆，甚至在很短的时间里产生了指数级的增长。

◎ 不是靠营销，而是靠品类。

案例：在铜师傅成功的因素中，最大的指数级增长的因素是品类，新增了"铜木家具"的概念。

第二章
产品巨婴症

一个价值百万的难题

为什么要做大爆品？做大爆品的最大收益是什么？不这么做会怎么样？

《爆品战略》有几十万的读者，爆品学员中有一万多名企业家和高管。有的爆品学员通过爆品战略落地，实现了几倍、几十倍的增长。但是也有很多学员、读者面临各种各样做爆品的痛苦，有的甚至是睡不着觉的大痛苦。

为了了解他们的深层痛苦，我经常会问爆品学员一个问题，同时也是一种教练技术：

什么是做爆品过程中一个价值百万的难题？

有年销售额在几千万级别的中小企业老板说，金老师，我们是个新品牌，能不能用小成本低预算的方式干杂牌？我们的行业有很多杂牌、山寨牌，如果能帮我找到解决的思路，我觉得它值100万元。

有年销售额在几亿级别的中型企业创始人说，我们有一定的行业地位，但是我们的预算比较低，广告投入没那么大。我们的行业有很多传统大牌,如果能找到一个低预算干大牌的思路,我觉得最起码值100万元。

也有年销售额在百亿级别的上市公司总裁说,在国内我们的品牌很强,也是行业领先者。每年的广告预算、广告投入不小,但是我们的行业有很多国外大牌,甚至是百年品牌,产品卖得贵,而且卖得还好。如果能找到一个干国外大牌的思路,它的价值甚至都不止100万元!

我把它称为爆品战略的"百万难题"。本书就是用来解决这个难题的。

什么是低预算、低难度去干大牌、杂牌的高维武器?为什么是价值百万的难题?

本书就是介绍低预算、低难度去干大牌、干杂牌的方法论、案例和行动路径的一本书。

请注意,这些百万难题的背后,是大爆品背后的一只幕后黑手——流量黑暗森林。

一切生意的本质都是流量。不管是传统生意,还是互联网生意,流量决定所有生意的一切,决定商业模式的本质,决定生意的生死与冷暖。

传统企业这种强悍的流量武器,在互联网时代却是大范围失效的。甚至,越是根基深厚的传统企业,面临的挑战越大。互联网时代的流量方式跟传统时代的流量方式是两种截然不同的游戏规则，是两种世界观。

如果说传统的流量方式是"光明森林"，那么，互联网的流量方式就是"黑暗森林"。

"黑暗森林"是科幻小说《三体》里一个特别黑暗的法则：一旦被发现，就总有一方被消灭！作者刘慈欣这样解释这个法则："宇宙就是一座黑暗森林，每个文明都是带枪的猎人，像幽灵般潜行于林间，轻轻拨开挡路的树枝，竭力不让脚步发出一点儿声音，连呼吸都必须小心翼翼……他必须小心，因为林中到处都有与他一样潜行的猎人。如果他发现了别的生命……能做的只有一件事：开枪消灭之。"

17世纪，霍布斯在其著作《利维坦，或教会国家和市民国家的实质、形式和权力》中提出"丛林法则"，达尔文在之后提出"进化论"，这些都和"黑暗森林法则"有着相似性。

很多互联网创始人都是《三体》的粉丝，小米创始人雷军甚至在一个内部会议上要求公司高管阅读《三体》，他认为这对制定公司战略有帮助。为什么要去阅读这部小说？因为互联网流量规则的本质就是"黑暗森林"，这是一个真实的场景：互联网就是一片黑暗森林，每个公司都是带枪的猎人。

在"流量黑暗森林"中，流量是冷酷无情的，甚至是一个黑洞般的存在，低流量的公司会被高流量的公司干掉。技术的爆炸更为这片黑暗森林增加了太多的不确定性，今天的灿烂鲜花，很快会变成明日黄花。而对手是不确定的，甚至是跨界的，而跨界的对手最可怕。

移动互联网让"流量黑暗森林"更加不确定和不可预测。过去，流量主要是线下流量，靠广告来驱动流量。现在，流量是"三国杀"：线下流量、线上流量、社交流量。

这导致流量又难又贵，流量红利枯竭。什么叫流量红利？就是面对新流量，谁先适应规则，输出有价值的内容、服务，谁就能以低成本引发轰动效应。十几年前电商红利超级大，多年前微信红利超级大，几年前头条、抖音红利超级大。而当今时代，很多新的流量价格疯涨，不管是线上流量，还是线下流量，有的是太贵，有的是太难。

只有爆品才是破解"流量黑暗森林"的王道！

爆品代表了一种极端的意志力，在这样的重重黑暗中，只有做爆品，才能生存；只有做爆品，才能推平一切；只有做爆品，才能打破"无尽黑暗"的魔咒；只有做爆品，才能打破"暗刀涌动"的魔咒；只有做爆品，才能打破"效益递减"的魔咒。[1]

---

[1] 关于"无尽黑暗""暗刀涌动""效益递减"的定义详见《爆品战略》第28—33页。

爆品的终极目标是什么？是成为品类冠军。"流量黑暗森林"的规则是，数一数二者生存，老三老四被淘汰。

爆品的最高形态是垄断。但是互联网战场的垄断跟传统不一样，最狠的垄断就是流量垄断。为什么所有互联网公司的梦想，要么是成为BAT（百度、阿里巴巴、腾讯），要么是傍上BAT，就是因为它们垄断着流量入口。

所以，做爆品不是创始人的信条，而是互联网时代生存的信条。

只有大爆品才能够实现三低三高的增长。三低是指低预算、低难度和低品牌依赖；三高是指高差异化、高增长和高复制性。

以下是我的一个提醒：

凡是不能在产品上花钱的老板都是做不强的老板，凡是不能在用户上花钱的老板都是做不大的老板。

"百万难题"的背后，还有一个广泛而又深刻的痛苦，叫知道，但是做不到。

我们在《爆品战略》中也给出了很多案例、逻辑和方法。但是我听过很多的反馈，最痛苦的是三个字：太超前。

《爆品战略》已经出版了5年，但还是有很多人说太超前，爆品战略这种打法在手机行业已经是最基本的战略方法，但是很多传统企业还说看不懂，学不会。

例如，有一家消费品公司的年销售额在30亿元左右，公司有上千个SKU。他们知道爆品的重要性，也遇到了对手带来的危机感：对手在电商上5个SKU能够干翻他们100个SKU。

他们也确定了爆品战略的方向、路径。但是在行动的时候，遇到了各种各样的阻力，比如砍SKU。他们知道SKU太多，效率太低，库存积压。砍SKU这个战略他们两年前就确定了，但一直没有落地。甚至我带着爆品战略团队和创始人一起来推动，也遇到重重阻力。

这几年我深度参与了上百家企业的爆品战略的落地行动。我发现在每个公司，从创始人到高管再到中层管理人员，都有一股极其强大的反爆品势力。

其实这种反爆品势力不只是存在某家公司，或者100家公司之中，而是广泛存在于中国波澜壮阔的传统企业中。

它们就像一个巨大的隐形的覆盖人间的黑暗巨兽，如同佛经里的魔罗一样。

这种反爆品势力，不是某个人，不是某个组织，不是某种机制，而是我们内心的思维定式，是一种集体无意识的心理行为。

随着这几年我跟黑暗巨兽一边搏斗，一边共生，一边互相学习，一边让反爆品巨兽变成爆品巨兽，我对它更加了解，认识也更加具体、更加清晰。

这股反爆品势力，也是每个中国企业一个巨大的战略内伤，我称之为产品巨婴症。

产品巨婴症

什么叫产品巨婴症？

就是我们的很多创始人、高管、中层管理人员都已经是成年人，在某些领域非常成熟，甚至是极其专业。但是他们在心理水平上还是婴儿，这样的成年人就叫巨婴。

他们这种心理水平下的很多思维逻辑、习惯还是婴儿级的，极其不成熟，这就叫巨婴思维。

知名心理学家武志红认为巨婴性格是一种集体无意识。在本书中，我们回到企业家和商业的逻辑层面。

产品巨婴症是指很多企业在营销管理、团队、资本等层面非常成熟完备，很多企业的从业人员久经沙场，在某些专业领域甚至能做到国际水准。但是他们在公司重要的产品战略上还属于婴儿水平。

武志红把巨婴思维概括为两大特征，一是共生，二是全能自恋。

武志红认为共生现象不止于母婴，在成人世界，母子共生、父子共生、夫妻共生，甚至团队集体主义，已经成为中国相当普遍的心理现象。

在我看来，企业和企业家的产品巨婴症可以概括为两大特征：全能自恋，超级话术。

产品巨婴症的第一个特征是全能自恋。而全能自恋又概括为四种表现：

1. 意志自恋。我一动念头，世界就能立即按照我的意愿运行。如果世界不按照我的想法来，我就会愤怒，甚至大哭大闹。

说实话，企业和企业家是中国社会中最成熟和优秀的组织和个人，他们已经克服了巨婴思维的很多层面。在我看来，企业的产品巨婴症就是企业家和企业的意志自恋，我是世界的中心，而不是真正地以用户为中心。

从企业的行为来讲，表现为特别强调我是第一，我是领导者，我是明星，当然它很重要，但它不是唯一，很多企业会把它当作唯一。

从人的表现行为来讲，产品巨婴症就是强调对意志跟想法的控制，特别强调我认为、我觉得、我希望。而且企业家觉得他认为的事情，员工立马就要做到。

2. 特别强调人治，而不是法治。特别强调用感觉来做产品，而不是用系统的流程、机制、方法来做产品。

格力集团董事长董明珠就具备明显的全能自恋特征，她的自恋行为表现为渴望支配权力，有极强的控制欲。有人甚至专门写了一篇论文，就叫《CEO自恋及其经济后果研究》，把董明珠当作一个关键研究对象：

> 在格力电器多元化的道路上，她曾多次进行尝试，诸如进入智能手机行业和新能源汽车制造业。在外界看来，格力电器想要在这些领域取得成功是十分困难的，风险系数也较高。
>
> 在进军新能源汽车行业前，董明珠曾尝试进入手机行业。2015年年初，董明珠正式宣布格力电器进军智能手机领域。董明珠也不遗余力地对外推销格力手机，她曾在公众场合说过以下豪言："小米不算什么，华为手机是国产手机的老大，格力手机是老二""雷军是小偷，小米和美的集团是小偷集团"。
>
> 董明珠的这些话无不显示出她对竞争对手的鄙视以及对本企业的极度自信，显示出其自我认知与外界实际情况存在较大偏差，总是通过贬低对手来维护自身的积极形象，是较为典型的自恋特征。
>
> 并且，董明珠自身的照片出现在格力手机的开机画

面中，这一度成为公众关注的焦点，这是董明珠的自恋特征的典型表现——她享受着外界的关注和崇拜，并且将个人形象与公司形象等同起来。

当然，格力手机很快就以失败而告终了。

3. 企业家的固执己见。特别依赖传统惯性，甚至选择性地逃避新生事物、新的打法。

宗庆后和马云的PK就是一个例子。宗庆后在各种场合曾经多次公开狂怼电商，甚至骂马云是个大忽悠。马云又专门怼宗庆后说："你就是躲在壳里面，不思进取。"

4. 创世感。这在中国企业里特别普遍，比如开创一个小的全新的细分品类，觉得自己是世界的王，拥有超级优越感。但是我们做产品的必须记住，只有经过用户验证的大品类，才是真正的品类，不能活在自己的世界里意淫自嗨。

产品巨婴症的第二个特征叫超级话术。什么叫超级话术？特别迷恋话术，特别喜欢造概念，在他们的内心深处，认为自己想到了用户就能感受到，而且愿意为此买单。

这种超级话术在中国极其普遍，极其广泛。很多小老板创业，不是扎扎实实地做产品，而是挖空心思地想一个名字、一个口号。

在中国，一个词、一个热点迅速火爆之后，有很多人第一个念头就是把它注册成一个商标。比如前段时间"耗子尾汁"特别火，很快有人注册了名字，注册了商标。

他们内心深处认为："耗子尾汁"这么火，这么棒，这么多人知道，我弄一个产品，弄一个品牌叫"耗子尾汁"，多好，一定有很多人买，一定会爆。这是极其错误的。

我们会花很多精力去创作话术、去做营销，因为相对实打实地做产品来讲，话术最容易，也最简单。

例如，联通曾经花了几个亿推广它的CDMA，这是历史上很经典的一个战役。怎么推广？联通的宣传口号叫：绿色环保无辐射，安全保密防窃听。

这就是一个超级话术。为什么？因为无论环保、无辐射，还是防窃听，用户都没法感知。

中国企业中超级话术的另外一个特征，叫谐音梗。比如做烤肉的用"百度烤肉"，做臭豆腐的用"臭名远扬"，做药枕的用"高枕无忧"，其实这就是一种成语超级话术。

另外一个广泛应用的是对联梗，我们有一个做熟花生的学员，你看产品好在哪儿？他说我想了一个很经典的对联：点点滴滴，奇货可居！

其实很失败，这也是一个超级话术，这个宣传语没有把这款产品的价值锚阐述出来。严重一点，我都不知道这句广告词在讲什么。

产品经营中，很多人老是用头脑中的想象去解决现实的核心问题，这是不对的，也是做爆品最大的一个战略内伤。

我经常去美国、日本、韩国，他们的产品就很少讲话术。因为在产品战略的执行逻辑上，他们经过百年发展，已经从婴儿成长为成人。

中国企业，中国品牌现在也越来越多地面临跟国外大牌的竞争，贴身PK，这也要求我们在底层逻辑上做到成熟而优秀。

再举个例子，有个公司叫同仁堂凉茶，这个公司的产品就充满了浓浓的全能自恋。它的包装上最大的三个字就是同仁堂。潜台词是我是一家百年老店，用户就该买我，事实上它卖得并不爆。

再看凉茶行业的品类冠军，王老吉。它的对外表达就是：怕上火，喝王老吉。哪个可感知，哪个能够深度打动用户，一目了然。

产品巨婴症
传统工业时代

爆品操盘手
互联网时代

▲ 中国企业一个巨大的战略内伤：产品巨婴症；
中国企业下一个巨大的战略机会：爆品操盘手

缺失的爆品操盘手

导致产品巨婴症的根源是什么？我发现最大的根源是爆品操盘手的严重缺失。

请注意：大爆品跟爆品操盘手是爆品落地的两个关键核心。但是最重要的是人，先搭班子，才能定好战略。

什么叫爆品操盘手？就是能够操盘爆品的人。**我们对爆品操盘手有三个要求：第一，对整个产品实现负总责；第二，对整个产品的销售结果负总责；第三，对团队协同负总责。**

中国大部分企业都有大爆品缺乏症。公司的规模、利润、团队都不错，有很多SKU，有很多渠道，有很多渠道门店，有强大的供应链，但是没有一个大爆品。

没有大爆品的公司是非常危险的，很容易被那些有大爆品的公司干翻。其实很多老板已经是公司的大操盘手，但他们不是爆品操盘手。

从一个普通操盘手到一个爆品操盘手，最大的一个标志就是能够打造一款十亿级甚至是百亿级的大爆品。

在实战中，中国企业还有一个非常大的问题，是缺乏操盘手机制，以及缺乏相应的配套流程和组织架构。

比如我们几乎所有公司都会把"产品为王"写到公司的价值

观里面。但是我们缺乏相应的以产品为中心的会议机制、团队机制、奖惩机制。

在实战中一个好的操盘手机制，我们一般分为三个层级。

第一个层级是大操盘手，老板要能成为一个公司最大的爆品操盘手。举个例子，小米的雷军、腾讯的马化腾、字节跳动的张一鸣，这些都是大操盘手的标杆。

第二个层级是小操盘手，我称之为PDT经理。PDT就是product development team（产品开发团队）。PDT经理一般会被任命为分公司的一把手，有决定产品核心的权力。

PDT经理要能够对产品的最终成功负责，所以PDT经理一般是副总裁、总监级人物，比如总监有销售总监、市场总监、电商总监、渠道总监、设计总监、产品总监……像华为就是采用的PDT团队。

第三个层级就是PDT团队。一个成熟的PDT团队，一般由一个铁三角组成，分别有三大板块。

第一板块是产品团队，包含产品经理、策划；第二板块是市场营销团队，包括市场人员、品牌人员、销售人员；第三板块是供应链团队，包含研发人员、供应链人员、采购人员等。

在过去几年，爆品战略研究中心深度调研了5000位创始人，并通过深度咨询服务了上百家十亿到百亿级别的企业。

爆品操盘手和操盘机制的缺乏是很多中国企业面临的很大的现实问题，这种战略缺失导致三个常见的现象。

1. 价格战频繁。这是产品力差的具体表现，产品缺乏差异化，靠价格战打市场，越打越痛苦。

2. 有爆款，不持续。爆品靠运气，靠多个SKU汇量增长，几百个SKU被对手一两个SKU干翻，越大越痛苦。

3. 不会互联网营销。营销主要靠广告或者人海战术，互联网营销、粉丝营销、直播电商放大、种草营销等新打法严重缺乏。

怎么破局？

产品巨婴症的自我扫描

◎ 大爆品战略落地的"两个凡是":

凡是不能在产品上花钱的老板都是做不强的老板,凡是不能在用户上花钱的老板都是做不大的老板。

◎ 产品巨婴症的定义:

很多企业在营销管理、团队、资本等层面非常成熟完备,很多企业的从业人员久经沙场,在某些专业领域甚至能做到国际水准。但是他们在公司重要的产品战略上还属于婴儿水平。

◎ 产品巨婴症有两大特征,自我扫描:

第一个特征是全能自恋。有四种表现:

1. 意志自恋。

2. 特别强调人治,而不是法治。

3. 企业家的固执己见。

4. 创世感。

第二个特征叫超级话术。特别迷恋话术,特别喜欢造概念。

◎ 爆品操盘手三大要求：

1.对整个产品实现负总责。

2.对整个产品的销售结果负总责。

3.对团队协同负总责。

◎ 爆品操盘手机制的三个层级：

第一个层级是大操盘手，老板要能成为一个公司最大的爆品操盘手。

第二个层级是小操盘手，我称之为PDT经理。

第三个层级就是PDT团队。

第三章
价值锚：爆品之魂

以用户为中心的微创新

什么是做爆品的原点？

答案是价值锚。价值锚是从用户的角度出发，从用户痛点、产品尖叫、爆点营销等维度，寻找人们对一款产品做出判断的价值锚点。

如何打造价值锚？

就是以用户为中心进行微创新。微创新是我在1999年提出的一个原创性概念，现在已经成为一种互联网思维，能够解决很多实战问题。

微创新就是一切以用户为中心的价值链创新，找到用户关键的聚焦点，找到用户痛点，让产品尖叫，引爆用户口碑营销。

举个例子，小米电视2有一个微创新很神奇，就是帮你找到遥控器。这个产品功能点引发了很多用户的共鸣，因为他们觉得找遥控器是一个特别痛苦的经历。但是电视厂商做了30年的电视产品，都没有找到这个微小的用户体验点，为什么？

微创新不是十年磨一剑的大创新,也不是一招鲜吃遍天,而是把握用户关键的聚焦点,打深打透,"在一厘米宽的地方,做到一公里深"。

微创新假如用一句话来形容,就是"一针捅破天"。现在是一个拼产品的时代,产品必须"一针捅破天"。

我经常举一个例子:一个是2亿光年的恒星爆炸,一个是明天上午北京地铁票涨价1毛钱,请问北京市民更关心哪个事情?肯定是第二个,虽然不是大事,却是用户最关心的现实。

谷歌有一句话:一切以用户为中心,其他一切纷至沓来。从传统工业时代到互联网时代,创新的游戏规则已经发生了翻天覆地的变化:从公司驱动的创新模式转向用户驱动的创新模式。用户体验创新就是以用户为中心,通过对消费者体验的深度挖掘而进行的一种创新模式。

微创新的核心是以用户为中心的创新!

微创新的反面是以自我为中心的创新!

一个典型反例就是摩托罗拉。摩托罗拉第一个做寻呼机,第一个做模拟手机,1983年推出全球第一款商用蜂窝移动电话,1989年推出世界上第一款最小、最轻的个人移动电话,1996年推出世界上最小、最轻的手机⋯⋯20世纪90年代后期,技术导向的摩托罗拉开始迷茫,逐渐被用户体验创新高手苹果、三星等超越。

这背后的核心原因，就是"太自我"，摩托罗拉一直在挑战技术的高难度，但是严重忽略了用户，甚至在用户体验创新上严重不足。

拍照手机是国产手机最大的爆品，双摄像头手机是在中国市场大爆的，就是因为中国用户有更强的美颜需求，全球首款三摄手机是华为P20 Pro，后来小米甚至推出了1亿像素的手机。

微创新有三个维度的创新。

维度一：整合全球优质供应链的创新。比如，华为把徕卡相机技术引入手机。

维度二：以用户为中心的应用创新。比如，0糖气泡水就是一种应用创新。

维度三：以用户为中心的技术创新。越来越多的中国品牌开始做技术创新突破。

价值锚打造公式

价值锚

=

可感知指标

×

强差异化指标

×

供应链指标

- **可感知指标**就是产品的强价值点能否让用户感知，这个指标可分为三个：

    S级——超强感知；

    A级——强感知；

    B级——弱感知。

- **强差异化指标**就是跟竞争对手PK起来，差异化程度的强弱，人无我有，人有我优，人优我强。这个指标可以分为三个：

    S级——超强差异化；

    A级——强差异化；

    B级——弱差异化。

- **供应链指标**就是以用户为导向在供应链上挖地三尺，一厘米宽的产品要做到一公里深。这个指标可以分为三个：

    S级——超强全球供应链深挖；

    A级——强供应链深挖；

    B级——普通级供应链深挖。

价值锚vs信任状

以用户为中心的价值链创新，说起来容易，做起来很难，因为大多数公司已经被"以公司为中心"的创新深度洗脑了。传统工业时代的"以公司为中心"的战略有一个强大的竞争武器——"定位"。

"定位"一直是我比较喜欢的一个商业方法论，这个理论在中国也助力了很多企业的发展。把一个理论变成一个强悍的实战武器，定位是做得最牛的。

但是，这是传统工业时代的打法，在这个全面转型的互联网时代，定位真的旧了。这种守旧，让我们沉浸在旧时代那种营销和自以为是的狂欢中，而不是心怀谦卑地向用户低头。为什么？

定位的本质是"信任状"，就是找到公司能让用户产生信任的一个"投名状"。

定位有一个核心理念，叫心智阶梯。战场由市场转向顾客心智，企业运作从需求导向转为竞争导向。企业全力以赴在外部建立起差异化定位，让自己突出于竞争对手，在用户心智中建立认知优势。所以认知比现实更重要。定位的打法要求从用户的认知出发，而非从企业的现实出发，建立"认知优势"。

定位认为商业竞争已经演变为心智资源的争夺，每个成功的品牌都应该在用户心智中建立独特的定位。

海飞丝＝去屑

喜之郎＝果冻

吉列＝剃须刀

绿箭＝口香糖

格兰仕＝微波炉

诺基亚＝手机

这种竞争策略的好处是：带来较强的品牌溢价。这使得传统企业特别依赖广告、营销，所谓的"营销为王""渠道为王"就是这种策略下的产物。但是，在这种策略下，不仅产品不是第一位，用户体验更是被严重忽视。为了占领心智阶梯，"定位"有一个最核心的武器就是寻找信任状。

第一招是抢第一：抢先占据心智阶梯的位置。

第二招是强关联：如果心智阶梯位置已被占据，企业可努力与阶梯中的强势品牌关联起来，使消费者在首选强势品牌的同时，也能联想到自己，作为第二选择。

第三招是技术和品牌拉动：通过技术或者猛砸广告的品牌效应，来建立公司的强区隔。

▲ 传统工业时代：寻找信任状

寻找信任状的核心是以营销为中心，最关键的是，信任状是比较贵的，对很多大品牌的新品类、中小型公司、新创业公司来说，很难找到信任状。

那"以用户为中心"的爆品战略如何变成一种杀伤性武器呢？什么是打造爆品的第一步呢？就是寻找"价值锚"！

▲ 互联网时代：打造价值锚

什么是价值锚？

价值锚就是用户理性购买决策的强价值理由。心理学上有个词叫"沉锚效应"，指的是人们在对某人某事做出判断时，易受第一印象或第一信息支配，就像沉入海底的锚一样，把人们的思想固定在某处。价值锚就是从用户的角度出发，从用户痛点、产品尖叫、爆点营销等维度，打造用户对一款产品做出购买判断的强价值理由。

价值锚是对用户体验的深潜行为，可以从心理学维度看下一个用户的消费决策过程。

诺贝尔奖得主丹尼尔·卡尼曼是个超级高手，他在《思考，快与慢》一书中将我们的大脑划分为两个系统：

系统1，依赖情感、经验和直觉，速度很快，不需要有意识地思考便能够迅速对眼前的情况做出反应；系统2，通过调动注意力来分析和解决问题，做出决定，速度比较慢，但更理性、周密、有逻辑，因此在认知上需要付出更多的努力。

信任状的原理是以打动系统1为主，价值锚的原理是从用户的购买决策行为上，以打动系统2为主。

信任状是以公司为中心的驱动，价值锚是以用户为中心的驱动。后者的驱动关键，不是技术等元素，而是用户痛点、产品尖叫、爆点营销。

信任状

传统工业时代

价值锚

互联网时代

▲ 超级产品的核心：

传统工业时代是信任状，互联网时代是价值锚

比如，九阳的产品人员发现，几乎所有用户在买电饭煲时都有一个奇怪的习惯：打开锅盖，拎一拎内胆的重量。在这里，内胆的重量就是用户判断一个产品好坏的价值锚。后来九阳推出了一款铁釜电饭煲，产品核心就是：3.1斤纯铁内胆。当时，大部分电饭煲的内胆是2.6斤，铁釜因此成为一款爆品。

小米手机刚刚推出的时候，品牌不强，渠道也不强，怎么办？只有打造价值锚，小米手机的价值锚就是手机的快速运行，而且通过第三方软件的跑分来证明它的快。

所以，打造爆品的核心，就是找到能直击用户内心的价值锚。

价值锚的三个标准

如何打造价值锚？

第一个标准是可感知的用户体验，一定要直接可感知。 光靠打广告提高认知没用，一定要把真刀真枪的用户体验做好。很多人说，颜值就是竞争力，因为产品的颜值最可感知。

但我说的直接可感知，是围绕用户的价值链做创新，而不是围绕公司的价值链做创新。更为重要的是，要把这种用户价值变成一种直接可感知的价值体验。

举一个传统的爆品案例，美国《国家地理》杂志的发家史。

美国国家地理学会是世界上最成功的非营利性组织，学会出版的一系列杂志在全球拥有超过5200万名读者，仅旗舰杂志《国家地理》就拥有读者4000万名，发行量850万册。

但是在早期，像众多非营利组织一样，美国国家地理学会是寂寂无名的，创刊于1888年的《国家地理》也是订户寥寥。20世纪初，美国国家地理学会的会员总数不过3600人，杂志不但经费紧张，还经常遇到稿源短缺的问题。

1905年，一个微创新改变了《国家地理》。换句话说，这甚至是一个"微小错误"。1904年12月，出版商打电话给当时学会唯一的编辑吉尔伯托·格罗夫纳，通知他次年1月的杂志还有11页的空白需要填补。

当时这位编辑手中并没有其他可用的稿件，山穷水尽之际，他看到一个盖有外国邮戳的大包裹，那是俄罗斯皇家地理学会寄来的55张中国拉萨的照片。格罗夫纳大胆地采用了这些照片，稍加简短的文字说明来填补版面。

从专业角度来讲，这一举动不仅是开创性的，更是离经叛道的。

但是，从用户角度来讲，这太尖叫了。1905年1月，《国家地理》一出版就取得了巨大的成功，甚至有人当街拦住格罗夫纳表示庆贺。此后，摄影作品开始成为《国家地理》的撒手锏，也给该学会注入了活力，学会的会员人数增长了3倍。

在这种微创新的鼓励下，1906年7月，格罗夫纳抛开地理概念，直接用整本杂志来报道自然世界，"用闪光灯和相机拍摄野生动物"。自此，野生动物摄影成为《国家地理》的一项传统。照片在扩大杂志的公众影响力上起到了关键作用，两年时间内，学会会员从3000多人增长到2万人。

公司的价值链考虑的是：严肃内容、按时出版、渠道体系、会员体系。但是，用户的价值链考虑的却是：照片、照片、照片、照片。

在互联网行业，基于用户"价值锚"的创新不仅要大刀阔斧，还要做到"一公里深"。

360公司创始人周鸿祎曾经有过一次失败的教训。360第一款路由器，请日本的设计师做了鹅卵石造型，成本200多元，但因为用的是塑料外壳，看起来像50元的肥皂盒。最可怕的是，为了美观，没有装天线。

其实，产品性能吹嘘得再天花乱坠，用户不可感知也不行。天线就是用户判断路由器好坏的一个价值锚。后来，360推出一款四根天线的路由器就卖爆了。其实几根天线不重要，重要的是让用户感知到价值。

第二个标准是可PK。 指的是产品的价值锚点可以跟竞争对

第三章　价值锚：爆品之魂　63

手直接PK，优于对手。可PK的核心逻辑，就是用户购买决策的一个关键心理：货比三家。为什么呢？

判断一个产品有没有强大的价值锚。就是看它能否在关键产品卖点上跟领先竞品PK，做到人无我有，人有我优，人优我强。

百度旗下拥有上百款产品，但是在创业之初，他们找到了一个关键价值锚——免费的MP3搜索，靠这个产品，百度PK掉了跨国对手谷歌，这不仅带来了海量的用户数据，更让百度掌握了本土创新的秘密。

新浪不是第一个做微博的，当时对手众多，但新浪微博能成为大爆品，就在于它找到了一个可PK的价值锚：名人微博。

名人的价值最能被用户认知，把这一点做到了极致，其他创新点才可以逐步展开。而且名人微博也是新浪撕过众多对手的关键产品。

第三个标准是难抄袭。指的是我的价值锚点是有门槛的，要么狠，要么有抄袭门槛和抄袭成本。

那些没有抄袭门槛和抄袭成本的产品点，是不能成为价值锚的。难抄袭背后的核心逻辑是产品的差异化，不是普通产业化，而是极致差异化。

难抄袭的背后是对用户导向的价值链的深度挖掘，一厘米宽的产品要做到一公里深,这是互联网公司产品创新的一句天条。

"一公里深"的意思就是对价值锚的深度挖掘,而很多传统企业对价值锚的挖掘是很浅的,基本上是一厘米宽的产品,只能做到一米深。

大爆品的三个标准背后的核心动力是效率的革命。

从多SKU、多品类到大爆品聚焦,会带来供应链、营销、品牌、渠道的倍级效率提升。

举例来说,国产手机能跟三星、苹果PK,就是靠一个大爆品——拍照手机。拍照手机的价值锚是什么呢?就是多摄像头,早期只有2个,后来做到了3个、4个,甚至5个摄像头、1亿像素。

大家看摄像头的创新,就符合我们价值锚的几个核心标准:可感知(摄像头的数量);可PK(小米、华为的摄像头比苹果的多);难抄袭(摄像头的创新,对很多中小型公司是有较高成本和门槛的)。

再举一个反例,我们一个学员做了一款泉水,叫不同钒响矿泉水。它的核心主张是说这个水来自长寿之乡巴马,核心价值点就是巴马天然涌泉,独含钒元素,可以有效降低血糖。

我们看这个产品最大的特色,就是他起了一个挺有创意的名字,叫不同钒响。老板可能觉得我的产品名字这么有才、这么独特，一定能够卖爆。但是消费者从价值锚角度的三个标准来拷问，可感知缺乏、可PK缺乏，难抄袭这个有，但是需要很高的教育成本。这个矿泉水也在持续做爆品的创新和升级。

大爆品的"金三角法则"

如何把爆品战略变成真刀真枪的落地行动？

历经小米、波司登、SKG等公司的血泪实战，以及多年一线公司案例的实践与锤炼，我发现了一个爆品的方法论，我称之为爆品研发"金三角法则"。

要想成为品类冠军，理解爆品研发"金三角法则"，必须记住四个字——"以终为始"，就是站在终点来思考产品的开端，大爆品的终点，就是成为品类冠军。所以我们要从成为品类冠军这样的产品战略来倒推大爆品的关键行动路径。

这个行动路径由一个中心、三个行动法则组成：一个中心是品类战，三个行动法则是痛点战、尖叫产品战和爆点营销战。

品类战。这是基于互联网的品类战略。传统的品类战略的核心是以通过营销成为潜在消费者心智中的品类代表为目标，最终主导品类创建品牌。而品类冠军战略的核心是产品驱动战略。

痛点战。这是基于互联网的用户战略。要把"用户至上"变成价值链和行动，而不是嘴上说说。如何找到用户最痛的那一根针，而不是靠渠道；如何把用户变成粉丝，而不是在卖完产品后就老死不相往来。

尖叫产品战。这是基于互联网的产品战略。如何让产品会说话，而不是靠品牌；如何让产品尖叫，产生口碑，而不是靠营销强推。

爆点营销战。这是基于互联网的营销战略。如何用互联网营销打爆市场，而不是靠广告；如何用社交营销的方式放大产品力，而不是靠明星。

互联网思维的核心是用户思维，用户思维的极致就是爆品战略。其实，所有互联网公司都是靠爆品战略，小米是在传统硬件里把爆品战略做到最极致的公司。

七星级产品经理张小龙说过一句很有哲学思想的话：要建造一个森林，培育一个环境，让所有的生物能够在森林里面自由生长出来，而不是建造自己的宫殿。"宫殿思维"就是传统的以公司为中心的思维，"森林思维"就是互联网中以用户为中心的思维。

如何在互联网"流量黑暗森林"里实施爆品战略？如何才能做到1年1款产品卖到1亿、10亿、100亿元？

【案例】洽洽小黄袋：如何靠爆品战略干到品类第一

洽洽小黄袋是一个很经典的案例，在前面的章节我们讲过，在转型时陈先保和整个洽洽经历了巨大的痛苦，一方面痛苦来自内忧，当时洽洽瓜子品类已经触达自身的天花板；另一方面痛苦来自外患，就是来自三只松鼠等新型企业的颠覆。

洽洽小黄袋是如何通过爆品战略实现新品类突破的？

洽洽食品副总裁王斌是爆品战略的学员，也是一个强悍的爆品操盘手，他有两句话：

"爆品战略不是靠规模制胜，而是超级单品革命！"

"所有企业的成功都是战略大单品的成功！"

1. 用两个差异化武器打造价值锚：新鲜

唯一的转折点是洽洽推出了小黄袋这个大爆品，找到了差异化这个新的爆品武器。虽然不是最早一批杀入每日坚果品类的公司，但洽洽是每日坚果品类在产品上砸钱最多的企业之一。

洽洽小黄袋这个产品最强的一个差异化卖点叫新鲜。其实这个词说起来很简单，但是真正有多少人把它做到了？为了保证产品新鲜，小黄袋做了哪些差异化的创新呢？

一方面是技术。为了保证产品新鲜，洽洽小黄袋采用了充氮包装，里面又加了吸氧剂和干燥剂。一切都是为了击中消费者的痛点，为了保证产品的新鲜。

这个技术有多狠？它荣获了国家科学技术进步二等奖。这个奖含金量有多高？一等奖就是杂交水稻、两弹一星，奖金500万元。

另一方面是原料的差异化。洽洽小黄袋中的七种原料来自七个国家，均是直采的，为了保证产品的新鲜，小黄袋的蔓越莓不抽汁，核桃是现剥现用的。由此可见，小黄袋在原料上的差异化做到了同行做不到的极致。

2. 可以跑分的价值锚：三大跑分点

说到跑分，第一反应是用户买一台笔记本电脑，或者买一部手机，要看它的CPU跑分。

但跑分不是电子产品的专利，食品行业、快消品行业其实也可以跑分，因为消费者会对比。

小黄袋哪些地方可以跑分？

第一个是它的科学配比。小黄袋的产品配比，是中国营养学会的会长翟凤英老师专门设计的，这个数字可以用来跑分，因为消费者会拿它和其他产品对比。

第二个是它的原料。七种原料来自七个国家，分别代表了全球最好的原料，这个数字消费者也会拿来和其他产品对比。

第三个是它超级变态的产品力。比如核桃，洽洽考核核桃的一个指标叫什么？叫核桃的截面浸油率，就是你把核桃切开，看它的截面吸收油液的指标,这是可以跑分的。再比如蔓越莓,洽洽的蔓越莓是不抽汁的,市场上百分之八九十的每日坚果都是切片的蔓越莓,厂家先把里面的蔓越莓汁给抽掉,抽掉之后,再加糖汁。洽洽是不抽汁的,不抽汁带来一个什么好处?它的花青素含量是其他切片的3倍以上,这又是一个数字,要跑分的产品卖点一定是可以用数字来展现的。

王斌说,只有像"脑残"一样思考,才能做出可以跑分的价值锚,才能牢牢抓住消费者的心智。

3. 超级快速的市场引爆:三大爆点营销机关术

为了快速引爆市场,洽洽在小黄袋的包装上做了精心设计。在内部,洽洽称它为包装自媒体,即包装本身就具备超级强悍的媒体传播效应。

机关术一:洽洽小黄袋将logo放大了3倍。logo扩大3倍,它的传播效果就扩大了9倍,这在传播学里是一个非常狠的设计。

机关术二:绶带。为什么要给小黄袋配一个"掌握关键保鲜技术"的绶带?这与用户的联想心理有关。绶带是做什么用的?只有你获得了巨大的荣誉,国家或机构给你颁发奖状和证书,才会给你颁发一个绶带。

挂了绶带之后代表你这个东西非常好,你是值得信赖的。小黄袋这个绶带就起到了一个让消费者联想的作用,他们会在潜意识里认为你是值得信赖的。

机关术三：产品信息可视化。所谓货卖一张图，里面有什么就给它写出来：巴旦木、腰果、榛子、蓝莓……都给写出来，最大限度地刺激消费者的食欲和购买欲。

王斌说，凭借着强悍的差异化武器、可以跑分的价值锚、可以感知的爆点营销机关术，洽洽每日坚果不是客单价最便宜的，但口碑非常好，卖得也非常棒。

洽洽小黄袋这款产品的销量随后也产生了爆发性的增长。

为了纪念这个涨停板，洽洽还专门发行了一个涨停板纪念款包装。

洽洽小黄袋让洽洽看到了一个新的业务增长点。

后来，王斌在爆品战略课堂上复盘洽洽的转型之痛时说：

> 金老师有句话我印象非常深。他说你不要像专家一样去思考，你要像"脑残"一样去思考，要把它的方方面面都做到极致。所以有时候爆品思维是一个极致的思维，而不只是一个低价思维。
>
> 其实在市场上比小黄袋每日坚果价格低的，甚至低很多的竞品都有，但是为什么最后卖得最好的反倒是洽洽小黄袋？我觉得还是要把产品做到极致，这一点非常重要。

价值锚的行动指南

◎ 价值锚的定义：

心理学上有个词叫"沉锚效应"，指的是人们在对某人某事做出判断时，易受第一印象或第一信息支配，它就像沉入海底的锚一样，把人们的思想固定在某处。价值锚就是从用户的角度出发，从用户痛点、产品尖叫、爆点营销等维度，寻找他们对一款产品做出判断的价值锚点。

◎ 价值锚打造公式：

价值锚＝可感知指标×强差异化指标×供应链指标

◎ 如何打造价值锚？

三个标准：

1.可感知；2.可PK；3.难抄袭。

◎ 如何把爆品战略变成真刀真枪的落地行动？

四大战役：

1.品类战；2.痛点战；3.尖叫产品战；4.爆点营销战。

第四章
品类战:成为品类冠军

品类冠军战略

什么是品类冠军战略呢？

品类冠军战略就是占据生意和势能的第一名。通过大爆品在主品类或细分品类，做到品类第一，或占据品类领先位置。把爆品战略的方法在企业运营的各个环节落地升级，在研发、供应链、市场、营销、团队等各个模块实现效率升级。

《爆品战略》这本书也是按大爆品的方法论来写的。首先，我选了一个非常大的品类——企业管理。其次，我选择了一个细分品类——市场营销，打深打透，把《爆品战略》这本书做到一个细分品类的前几名。

在《爆品战略》这本书里，我剖析了打造爆品的有效策略和常见陷阱，指明了传统工业时代和互联网时代爆品的本质区别：前者是基于渠道利益分配的产物，后者则是基于用户需求的流量导入，为众多传统企业转型提供了可靠的路径和参考。

最终，它在给企业带来不可估量的价值之外，也给我个人带来了成百上千倍的商业增值。

由此可见，爆品高手首先是品类杀手！它有一个核心法门：以用户为中心，一切纷至沓来！

例如，有年春节我住在美国洛杉矶的帕萨迪纳，这地方有好几家超市，分别是中国超市、韩国超市、美国超市，都是所在行业的第一第二，它们要么开在彼此的对面，要么开在彼此的隔壁。

大家想，超市的品类都差不多啊，它们怎么制造差异化？事实上，这些超市差异极大，而它们能实现超大的差异化就是靠核心品类中的爆品。

比如中国人开的超市让很多人非去不可，因为有现杀现卖的活海鲜，不少美国人很不习惯。韩国人开的超市让很多人非去不可，因为韩国人卖的牛肉超级好，还给你配韩国秘制烤肉酱，不少美国人很不习惯。美国人开的超市，最差异化的品类就是有机食品，这个让不少中国人、韩国人很不习惯。但它们分别有自己固定而铁杆的用户群体。

想成为爆品高手，必先成为品类高手，请记住"三个凡是"：

凡是大风口，必有大需求；

凡是大需求，必有大品类；

凡是大品类，必有大对手。

大爆品研发公式

大爆品

=

大痛点

×

尖叫价值锚

×

爆点营销

- **大痛点的核心**是用户战略。对的用户战略由三部分组成：

  1. 大的品类选择。
  2. 精准的用户画像。
  3. 一级痛点聚焦。

- **尖叫价值锚的核心**是产品战略。领先的产品战略由三部分组成：

  1. 清晰明确的PK对象。
  2. 流量产品研发。
  3. 旗舰产品研发。产品是1，营销是0。两者的强强结合才能产生10倍级效果。

- **爆点营销的核心**是流量战略。移动互联网时代，让用户参与的流量战裂变是王道。爆炸级的流量战略由三部分组成：

  1. 爆品级表达。
  2. 粉丝参与的营销裂变。
  3. 发布会营销。

90%的企业死在这一关

伪风口最可怕，约80%的创始人都会在选品类上犯下大错。

风口选错了，后面的一切执行就等同于无休止地消耗企业资源，浪费时间，而且毫无意义！

有一次我跟小米的联合创始人王川聊天，他说他有一次受刺激特别大，为什么呢？雷军让他跟他一起投资一个公司叫UC，雷军说这个公司特别好。

怎么好呢？雷军说这会是一款爆品！因为UC这款浏览器跟当时其他浏览器有着本质的区别，它的定位是"大数据新型媒体平台"。旨在根据移动场景和用户浏览习惯，应用阿里系大数据资产和技术，将信息和服务以更智能、更便捷的方式和体验传递给用户，实现"千人千面"。

王川看了半天说看不懂，而且这公司在当时还没赚钱，他就没有投，结果错失了一个赚回几十亿元的机会。

雷军给UC投资了400万元，就拥有了UC百分之二十的股份。后来马云看中了UC，就花了300多亿元收购它，这一进一出雷军就挣了几十亿元。

我想说的是，王川当时最大的反思，就是我们经常讲的怎么样抓住风口。我们为什么经常会错失风口？其实雷军创立小米，对外讲的最多的一句话就是顺势而为。

我想说,顺势而为,抓风口,不是抓专家嘴里的趋势,而是抓用户心目中的消费大势。而在面临选风口这个攸关生死的难题上面,一定要切记以下三点:

方向错了一切白费!

自己爽了一切白费!

对手抢占了一切白费!

在跟企业一起打仗的咨询实战过程中,我发现我们的学员在打品类战时,容易陷入三大陷阱,这是三个非常普遍、非常危险的陷阱。

第一个陷阱:品类太小的荒岛区。我称之为"自嗨思维"。

我们有个学员,做白酒做了十五年,非常优秀,很年轻,也很专业。他做的白酒品类叫弱碱性白酒,我自己平时就喜欢喝点酒,也经手过许多酒的案例,但是弱碱性白酒这个品类还是第一次听说。

他花了十几分钟给我讲解,从产品信息、产品简介、产品特性、历史背景、碱性好处一直到获奖和专利,讲了一个遍,但一直到最后我都没有完全听明白。

这就是最大的问题。我都没怎么搞明白,我想广大普通的用户更是一头雾水。

这个品类绝对是中国第一家,也没有对手。但是这个产品很难引爆,做得很辛苦。

这个案例的问题就很明显,产品做不起来,不是用户的问题,而是品类的问题,是产品经理的问题。很多时候,自嗨是一个神不知鬼不觉的陷阱。

第二个陷阱:品类太新的无人区。我称之为"工厂思维"。

我们有一个学员是做家纺的,有一次,他看到一则新闻,说中国有很多的夫妻分床分被子睡觉,他觉得是个大机会。他打造了一款非常创新的被子:夫妻同眠被。打出一个广告口号:让天下夫妻同眠一张被。

这个学员花了很大心思研发产品,比如分区控温、静音睡眠、一被四体、八种温度,他甚至做了一个双温区设计,男士的一面薄一点,女士的一面厚一点,这款鹅绒被售卖价格是2999元。

这样的产品能卖爆吗?很难,品类太新了,需要大量的教育成本,而且还不一定是真痛点。

第三个陷阱:贪婪求多的浅耕区。我称之为"贪婪思维"。

多一个SKU多赚点钱,这是很多传统企业的打法。我们有一个学员是做鞋的,有一定知名度。我们去的时候正好赶上他们的订货会,单是鞋子,就有两千多个SKU!他们公司总的SKU有几万个。老板很痛苦：他们几百个SKU干不过洋品牌一个SKU。

我们另外一个学员是做文胸的，他们一年的SKU有几千个，但是一个新的爆品公司一个SKU就把他干得很痛苦。

我们还有一个学员，公司规模非常大，公司在肇庆，历史悠久，产品非常好，他们家的酒有好多品类，有米酒、蚕蛾公补酒、首乌酒、春常在酒，等等。

这么多的品类，每一个品类再细分出很多产品，那么问题就很容易暴露出来：公司的资源和精力会被众多的产品无限消耗和摊分，最终导致效率很低。

所以打品类战，不要贪婪求多，做减法就是在做效率！

做加法是本能，做减法才是本事！

所以请记住，在企业的战略层面，风口是1，产品是0。因为只有踩对风口，企业才能做出成功的产品、成功的大爆品！

怎么打好品类战？

横向扩张：
多SKU
传统工业时代

纵向扩张：
少SKU
互联网时代

▲ 传统打法：多SKU多赚点钱的横向扩张是低效的；
互联网时代：少SKU打爆的纵向扩张才更高效

肥大高频的传统品类战

如何确定肥大高频的品类？

第一，选又肥又大的品类。什么叫肥大？就是利润高、份额大。比如餐饮业，它就是又肥又大的生意。

这种肥大不是虚肥，而是来自用户真实的感受，是稳定、长期、持续的需求。

第二，选高频的品类。就是用户的使用和消费习惯是高频的。举个例子，打车市场刚崛起的时候，最先融到钱的是专车，后来是代驾。

其实滴滴打车这种出租车品类，一开始不被看好，但是我们知道现在滴滴打车最值钱，重要性甚至超过专车和代驾。为什么呢？因为出租车这种品类最高频。

还有一个例子就是外卖。外卖是一个非常高频的品类，而且是典型的高频打低频。为什么这样讲？

以美团为例，美团一开始是做团购起家的，但是团购是一个非常低频的需求，很多用户可能一年甚至一辈子只用一次，这种生意就经常会被那些高频的品类给干掉。

所以有一段时间美团创始人王兴很痛苦，他是怎么解决这个痛苦的呢？就是开通外卖功能，让美团从一个低频产品，一下子变成一个高频产品，可以说外卖功能的上线是美团这款产品最重要的一战，也是高频打低频很经典的品类战！

快速增长的细分品类战

怎么找快速增长的细分品类呢？

关键指标是用户需求的快速增长。比如抗菌消毒就是一个快速增长的需求。尤其是在2020年新冠肺炎疫情期间，各种抗菌消毒的新品类、新产品相继出现。整个行业都在快速增长，有的品类甚至出现了十倍、百倍级的指数增长。

第一，不能找专家品类，而是找用户选择的品类。

面对新物种、新品类，如果整个行业没有完善的沉淀，那么就很容易出现所谓的"专家"。比如专家说这个东西很好，但如果用户没有形成购买欲望，没有形成购买趋势，它就是伪风口品类。

举个例子，这两年有一个品类增长非常快，叫什么呢？无钢圈内衣。它甚至已经形成天猫一个爆款标签，它就是一个我们所说的风口品类。

第二，要有大数据支撑。

要找用户已经有消费趋势，甚至是购买欲望的风口品类。但不管什么品类，我们一定要相信一个关键指标。这个关键指标就是数据，没有数据支撑的品类，它就是伪风口品类。

内衣行业有好多风口品类，比如说超薄、纯棉、发热内衣等。有学员甚至专门创造了一个非常新的品类，叫远红外内衣。在天猫上几乎都搜不到类似的产品，这种严重缺乏数据支撑的需求是非常可怕的。

爆发式增长的新品类战

怎么找到爆发式增长的新品类呢？

我认为最关键的是找到用户大规模转移的红利。

什么叫用户的大规模转移呢？移动互联网有一个非常重要的核心，就是用户的转移成本很低。过去没有手机，用户的转移成本稍高，但是现在用户经常会发生大规模的转移，我们要善于抓住用户的这种转移点。

有好多新品牌的崛起，就是抓住了这种大规模用户转移的红利，比如知识付费，再比如社交电商。过去我们买东西都是在京东、天猫，但现在很多用户会去抖音小店、拼多多。

拼多多是一个很经典的案例，它两三年时间就做到了几亿的用户，淘宝用了七八年才发展到同等的规模。拼多多崛起的一个核心原因，就是用户通过社交平台买东西，完成了一个非常大规模的用户转移。

还有一个发生在我生活中的案例，我特别喜欢吃辣椒酱，过去是在线下超市买，后来是在天猫、京东买。最近是跟着网红买，有一个网红叫李子柒，她的辣椒酱很好，家里人也都很喜欢吃。这就是用户的大规模转移。

如果你能洞察到这种用户的大规模转移，那么你就能发现巨大的爆品红利。

怎么洞察用户的大规模转移？就是看看你身边的朋友，甚至你的老爸老妈有没有用一些新的产品。如果你的老爸老妈过去经常是用传统的方式在消费，突然有一天，他们在尝试新的方式、新的平台、新的产品，你就要思考是不是用户大规模转移在发生。

例如扫地机器人。最近几年大规模崛起，非常重要的原因是三四线城市的老爸老妈开始喜欢上了扫地机器人，因为它们实在是太方便了。

要想打造大爆品，必先选对大品类。

【案例】云米的品类战武器

云米是谁？云米总部位于广东佛山，2014年5月份成立。定位为专注于研发、制造、销售智能家电的全屋互联网家电企业，致力于为家庭提供安全、智能的全屋互联网家电解决方案。

主要产品有洗碗机、冰箱、净水器、油烟机、洗衣机等。

这家公司有多狠？从2017年发布第一代净水器开始布局互联网厨房，到2018年开创全屋互联网家电的全新方向，2018年年底就在纳斯达克正式上市了。

而云米的高潮却在上市一年后的2019年，企业实现了人车家的智能互联，开创了家庭互联网一些新的趋势。

我们一起来看2019年的战绩：云米智能净水系统的收入为10.65亿元，同比增长14.5%；智能厨房产品收入为13.23亿元，同比增长77.6%；其他智能产品的收入为11.99亿元，同比增长195.3%；消费产品收入为2.66亿元，同比增长87.3%；增值业务收入为7.943亿元，同比增长135.0%。一年狂卖50亿元，业绩增长349.6%！

云米创始人陈小平，作为爆品战略的学员，在爆品战略课堂上分享了他的品类战武器：

1. 苍蝇再大也不是肉，要做就做超大品类

云米最开始是从做AI（人工智能）的净水器开始，这个行业在最初的时候规模是380亿元。厨电行业的规模在600亿元到700亿元之间，云米做了一个互联网的智能化研造的产品。

接下来再看冰箱，冰箱这个市场是千亿级别的。

这意味着云米的核心战略就是品类战，而云米的选品逻辑是：又肥又大，越来越大！

只有超大的品类才能孕育出超级大的爆品。云米内部有个管理文化就是，敢不敢用胆大包天的人？敢不敢提一个胆大包天的目标，然后不遗余力地去执行？

事实证明，用这种方式驱动业务，可以达到一个让所有人都意想不到的结果。

这就是大爆品思维，它会把你逼到绝路去，逼到一个极致的思维上去。

陈小平说，iPhone一款产品能有几百亿甚至上千亿美元的销售规模。我们想想看，手机本身就是一个超大品类，有着上万亿美元的市场规模，所以才诞生了iPhone上千亿美元的销售规模。

这叫水大鱼才能大，品类大，才能做出超级爆品。所以把你的思维模式，把你的产品，把你的策略削得足够尖锐的时候，你才有穿透力。

2. 极致的差异化

如果说品类战是云米的一个战略性武器，这是宏观层面的，那么差异化就是云米的一个战术性武器，它要落实到具体的产品和打法上去。

云米是怎么做差异化的？

比如家电，其他企业的产品仅仅就是一个功能性的电器。而云米的方法是场景思维，把它放在一个客厅场景，放在一个厨房场景去思考它，这是其一。

其二就是将软件和硬件相结合，进行整体思考，从单硬件的思考到硬件、软件一体化的思考。

这种思考让云米不再是纯硬件的思考模式，所以你会发现很多的家电企业都在做硬件的创新、能效的提升和功能性的改变。而云米在做软件，用更多的软件去定义硬件，用软件的算法、用AI和5G去改变它，用高科技的属性改变我们的家电的属性。

未来家电将不再只是家电，家电从过去的功能性电器变成了有更好的交互、更好的IoT（物联网）、更多的使用体验的产品。

随着这种产品的不断迭代，自我的智能化体验不断提升，更多IoT设备的接入，更好的家和外部世界的连接，它的能力将发生一个翻天覆地的变化，那个时候家电将拥有另外一种属性。

也就是说，你能不能换一个不一样的赛道再比赛？这是个什么时代？这是个换跑道才能赢的时代。

因为在别人已经建立了足够多优势的地方，你再想切入进去几乎没有可能，哪怕你在这个市场有比别人领先的东西。所以你敢不敢去定义一个不一样的赛道、敢不敢去定义一个不一样的品类，这一点非常重要。云米是怎么实现的？

用极致的产品差异化。

比如冰箱，冰箱是一个非常成熟的产品。我们都知道冰箱每年的销售规模超过3300万台，销售额在900多亿元，这是一个非常大的行业。

在大的品类里面你怎么去做差异化？

云米的做法是去开创大屏冰箱这么一个新类目，通过两年多的市场努力，云米大屏冰箱现在已经成为行业的品类第一，两年已经实现超过3亿元的销售收入，而这只是一个简单的开始。

3. 以用户为中心

差异化只是一种产品战术，云米最终要做的是以用户为中心，回到用户中去，创造极致的使用体验。

为了将用户使用体验提升到极致，云米花了很大精力和成本来实现去App化、去中心化。

怎么去？

就是家里有多个交互界面、多个交互设备、多个大屏，让用户在各个场景之间无缝地跨屏体验，不依赖于某一个终端设备，而是拥有自由的、流畅的交互能力。

这意味着云米进入了家庭的智能化时代，进入了一个全新的以人为中心的流动时代。

陈小平说，云米逐渐把传统家电的产品、企业、体验带入了一个新的逻辑。用通信、互联网、AI这样一些顶级技术去重新定义品类和产品，这是一个完全以用户为中心的思考模型。

由此可见，云米的核心武器，就是以用户为中心的爆品战略。

如何进行品类聚焦

无聚焦，不品类。

只有杀手级的品类聚焦，才能带来指数级的商业增长。

那么怎么进行品类聚焦呢？

第一，找到一个或两个主攻的爆品级品类。

举个例子，这也是一个大爆品企业，叫疯狂小狗。四年时间，销售额从零做到近十亿元，还拥有了600万粉丝。

疯狂小狗创始人叫崔佳，创这个品牌之前，他一直在宠物行业，摸爬滚打十多年。他的成功就是抓住了一个大的风口品类：通用型狗粮。

那么他是如何选爆品级品类的呢？

首先是选大品类。用户对狗粮的需求大规模增长。2017年宠物行业的规模达到了1300多亿元，宠物的数量达到了将近1亿只，其中宠物狗的数量将近5000万只。可见用户足够多、品类足够大。

其次是选大细分。狗粮这个品类不仅又肥又大，而且相对高频。一只狗平均每月要消耗两三袋狗粮。过去养宠物狗的人群中老年人占多数，他们的习惯是用剩菜剩饭喂狗；如今年轻人是消费狗粮非常大的主体。过去，狗粮缺乏大的品类细分，基本上都是专狗专粮，比如泰迪专用狗粮、柯基专用狗粮。崔佳发现，很多养狗的年轻人需要一个性价比高的通用型狗粮，就是小型犬、成犬、幼犬通用的狗粮。

最后是做杀手级聚焦。他的杀手级聚焦做了几款极致单品，特别是一款性价比超高的通用型狗粮，他们称之为小蓝包，卖得非常爆，在很短时间内就干到了品类第一。后来，疯狂小狗也开始做了狗粮之外的品类扩张，变得不再聚焦，一些其他的狗粮品牌异军突起。疯狂小狗上了爆品战略课程后，又重新回到爆品级聚焦，决定通过大爆品重新拿回冠军。

第二，品类冠军必须爆品级聚焦用户的一级痛点。

爆品级聚焦不是普通级聚焦，是"在一厘米宽的地方，做到一公里深"，挖地三尺，打深打透。

举个例子，罗永浩被称为"品类杀手"，指的是他进入一个品牌，就败一个。败在哪里呢？败在"没有爆品级聚焦"。

罗永浩选过好几个品类，博客、手机、空气净化器、行李箱、电子烟，都算是风口品类。但因为各种原因，核心产品老做调整，没有打深打透。

罗永浩后来杀入直播电商领域，就非常成功，抓住了大风口，而且进行了爆品级聚焦，我都在上面买了很多货。

所以，光有超级大的风口品类还不行，最关键的考验是聚焦，只有爆品级聚焦，才能将爆品打爆！

第三，数一数二者生存，品类冠军必须干到品类（或细分品类）第一或第二。

我们有一个爆品学员叫红豆居家，是一家主要经营服饰的企业。受疫情影响，整个服装行业的线下渠道都遭受重创，一些企业甚至濒临倒闭，红豆居家是如何在逆流当中完成绝地反杀的呢？

第一步，把主攻品类干到行业前列。

红豆居家主要选择的方向是发热文胸。在爆品方面主要围绕春夏婴儿绵文胸做相应的动作。春夏季主要推出了婴儿绵文胸，强调产品的3D立体模杯、3级柔软里料，围绕"外在有型，内在柔软"展开产品设计和营销。

尖叫的产品是第一位，婴儿绵文胸解决了传统文胸聚拢不舒服或舒服却没型的痛点，创新地在立体模杯和柔软里料上做了提升，用户整体反馈红豆居家的婴儿绵文胸穿了不紧不勒很舒服，也很有型。

第二步，以用户为中心。红豆居家快速反应，搭建线上社交电商渠道，利用便捷的互联网平台来连接用户和爆品。

红豆居家总经理周文江说，此次疫情整体上对线下零售会有很大影响，但是在坚持爆品和用户两大战略前提下，通过移动互联网的高效传播和链接，我们品牌发展不仅没有受到疫情的影响，甚至完成了绝地反杀，做到了品类前三。

品类战是大爆品的生死关！

请注意，男怕入错行，女怕嫁错郎，大爆品最怕选错品类！

【案例】元气森林：如何快速成为新品类王者

无糖饮料赛道一直存在，但一直鲜有爆品，直到元气森林出现。

元气森林的创始人叫唐彬森，是一个爆品高手。他在2008年曾开发网页游戏《开心农场》；2012年，推出爆款游戏《帝国战争》，获得腾讯、创新工场投资；2014年，他带领团队推出手游《列王的纷争》，名列中国手游出海收入榜第一。

2016年创立的元气森林，发展速度更是惊人。截至2021年4月，成立5年的元气森林估值已达60亿美元（约人民币390亿元），是国内茶饮巨头统一市值的1.1倍。

元气森林的爆品逻辑，就是利用已经被验证过商业模式，在充分竞争的大红海寻找新的蓝海。换句话说，成功概率＝行业概率×团队概率，团队能力再强，在差行业里，仍然无法成功。

他的原话是："好行业跟差行业是不一样的，好行业里，你做过第一百名、第二十名、第十名，都比在一个烂行业里做第一名强，差别很大。"

唐彬森表示："要在红海中寻找新蓝海，我认为最好的创业机会，一定是在成熟赛道上。我坚信，如果能在供给侧提供更好的产品力，就会给中国品牌挑战和赶超国际品牌的机会。

短短几年时间，元气森林就把气泡水这个品类干爆了，这也是品类战的典型案例。

在我看来，唐彬森做对了几件事。

1. 抓住"无糖饮料"这个新的大风口品类。

年轻一代消费者,生活方式很"扭曲"。一方面,他们熬夜、久坐,烤串火锅都不耽误;另一方面,他们比谁都关注养生,热衷低脂低盐低糖,营养成分表被他们仔细研究。根据中商产业研究院的数据显示,中国80%的消费者会关注食品饮料的成分,特别是饮料中的糖分占比。

对应到无糖饮料市场,据智研咨询《2020—2024年中国无糖饮料行业市场供需现状及发展趋势预测报告》显示,有近6成消费者购买过无糖饮料,无糖饮料在2019年销售额同比增长超10%,远高于饮料的总体增长率。

2. 在产品上做到爆品级聚焦。

传统饮品研发,优先考虑的是成本。"它们是先有定价,再有产品,"元气森林副总裁宗昊对我说过,"因为传统企业还是认为,低价是中国销售市场的不二法门。"但在元气森林看来,中国消费市场已经是一个质量先行的市场。

这就决定了元气森林研发产品时的态度——把用户体验放在了第一位。

所以元气森林的做法是完全颠覆过来,先考虑用户需要什么,然后在研发和生产上不计成本地用心付出,用创新产品满足用户的需求,产品选用的都是行业内高标准、高成本的成分和配料，让消费者从产品本身获得更多。

元气森林选用的是成本更高的赤藓糖醇作为代糖方案，比起其他代糖产品（比如零度可乐的"阿斯巴甜"），甜度适中，更接近蔗糖的自然口感。元气森林所用代糖赤藓糖醇的成本，要比此前常见的阿斯巴甜高出百倍。在气泡水上市后，又因为消费者反馈口味偏甜，降低了产品甜度。

为了让消费者感到"气很足"，喝得爽，元气森林不惜增加了5到6个点的物流成本；为了包装质感，连给产品打码的机器，买的都是最好的，只为打出均匀美观的条码。同样是为了确保体验，2016年，刚起步的元气森林就曾销毁过一批价值500万元的产品，原因是产品不达标，没通过内测。

0糖0脂0卡、日系风格的颜值，不仅让元气森林在货架上脱颖而出，还让消费者获得了"有面子"的感觉。

3. 把供应链打深打透。

随着业务的发展，为进一步保证产能供应，元气森林自2019年起，开始陆续重资产投入产品研发、产品品质的第一道防线，开创了"超大规模工厂+超级城市群"的模式自建工厂，即一座工厂服务周边多个省组成的超级城市群。

先后建立了天津西青、安徽滁州、广东肇庆、湖北咸宁和四川都江堰五大工厂，分别对应华北、华东、华南、华中、西南地区五大城市集群，重点对应京津冀、长三角、粤港澳大湾区、两湖中南地区、川渝市场，让产品开发和供应有地域针对性，以具备快速适应市场变化的灵活度和反应能力。工厂建设均采用"无菌碳酸混比灌装"的生产技术，全自动无菌生产线达到行业最高标准Log6水平。

不仅如此，元气森林总投资55亿在全国布局五大工厂，提出"三0工厂"战略发展目标，即希望在自建工厂的基础上，进一步提高工艺标准，逐步实现"0化学防腐剂""0污染""0碳"三大目标，实现非必须的添加物更少，无菌要求更高，且对环境更友好，率先实现无负担消费。

知名投资人段永平的一句话曾让唐彬森看了不下十遍：

"消费品公司如果过分重视营销而不重视产品，一定没有未来。"

品类冠军战略的落地指南

◎ 什么是品类冠军战略?

品类冠军战略就是占据生意和势能的第一名。通过大爆品在主品类或细分品类,干到品类第一,或占据品类领先位置。把爆品战略的方法在企业运营的各个环节落地升级,在研发、供应链、市场、营销、团队等各个模块实现效率升级。

◎ 成为品类冠军,必须记住"三个凡是":

凡是大风口,必有大需求;

凡是大需求,必有大品类;

凡是大品类,必有大对手。

◎ 品类战的三大最常见品类陷阱:

第一个陷阱:品类太小的荒岛区。我称之为"自嗨思维"。

第二个陷阱:品类太新的无人区。我称之为"工厂思维"。

第三个陷阱:贪婪求多的浅耕区。我称之为"贪婪思维"。

◎ 三大品类战的爆品打法：

1. 肥大高频的传统品类战。

2. 快速增长的细分品类战。

3. 爆发式增长的新品类战。

◎ 如何进行品类聚焦：

1. 找到一个或两个主攻的爆品级品类。

2. 必须聚焦用户的一级痛点。

3. 数一数二者生存，必须干到品类（或细分品类）第一或第二。

第五章
痛点战：伪痛点是战略死穴

什么是痛点？如何识别真痛点、伪痛点？

痛点就是用户的需求点，是用户愿意花钱的购买理由。伪痛点就是看起来是强需求，但不是用户的购买理由。

我经常说，找痛点是一切产品的基础，是一切创新的基础，也是一切失败的源头。

例如，诺基亚手机失败的原因。有人说不够酷，有人说不够快，有人说是被苹果干掉的。诺基亚前高管说："都不是。诺基亚死亡的一个重要原因，就是手机老摔不坏。"

因为，在以诺基亚为代表的传统手机公司，研发部门有一个 big rule（天条）：手机要摔不坏。在功能机时代，手机的一个痛点就是老摔坏，所以诺基亚都能砸核桃。但在智能手机时代，用户的痛点发生了很大的改变。

诺基亚高管还讲了一个故事。iPhone1刚上市，他们的情报员就购买了一批iPhone带回总部。这位高管当晚就带了一台回家研究，这台机器也吸引到了他4岁的女儿。

为了测试手机的易用性，他把手机递给女儿，女儿很快就上手了。临睡前,他女儿昏昏沉沉地出现在他床前说:"我能把这部神奇的手机放在枕头下睡吗?"

在那一刻,他明白,诺基亚遇到了大麻烦:他们抓不住用户的痛点了。

很多企业在挖掘用户需求上,其实已经形成了强大的打法,比如问卷访谈法、深度访谈、二八法则、焦点小组等,但为什么还是没有找到用户的真痛点呢?

不要把需求当痛点!需求未必是痛点!

这些不是痛点的需求就是伪痛点了。**伪痛点有三大表现。**

第一,不是用户品类。大家记住,痛点是基于用户的,不是基于专家的。我们今天好多产品都特别容易进入专家模式。

什么叫不是用户品类?举个例子,我们有一个学员是做土鸡的,他说专家对土鸡有三个品类的划分:浓香型土鸡、清香型土鸡、滋补型土鸡。他说:"金老师,我们想成为浓香型土鸡的首选。"

这就叫不是用户品类,用户买土鸡不会说清香、浓香、滋补型土鸡,用户购买时的品类选择就是:做汤的、红烧的、白斩的,等等。用户品类很关键。

第二,不值钱的需求。什么叫伪痛点?就是这个痛点在用户看来不值钱。例如,我们有一个学员是做生鲜的,他们打的痛点叫：生鲜还是真的好。有没有关注用户的需求？有，但不值钱。

它的对手叫钱大妈，打的痛点很直接：不卖隔夜肉。把新鲜这个痛点打得非常深，而且很值钱，对手甚至很难抄袭。

第三，不可感知。什么叫不可感知？就是你的产品痛点用户不能直接感知，靠的是话术。例如，我们有一个学员做了一个产品，叫纳米发热内衣。

他们真的花了钱在纳米技术上，而且有投入，但是纳米技术用户是无法感知的，所以用户就看不见这款产品的价值，根本卖不爆。

事实上，用户的很多需求都不是真痛点，把伪痛点当作真痛点来打，是很多公司创始人、高管最常犯的错。伪痛点是一个战略死穴，最可怕的是你错了但自己并不知道！

定一级痛点

怎么找到真痛点？

找痛点的最关键行动路径就是找"一级痛点"。

什么叫一级痛点？

用户的痛点，就像一个金字塔，有一级、二级、三级、四级、五级、六级、七级……一级痛点就是用户最痛的那个需求点，也是用户最强的购买理由。

怎么定一级痛点呢？

一级痛点这么重要，威力这么大，但并不好找，甚至隐藏得很深。

腾讯有一个内部方法，也是腾讯做爆品的第一式，是一个拷问：你的用户饥饿吗？只有找到大规模饥饿的用户，才有可能产生爆品。

这种饥饿，就是一级痛点。那么，如何找到一级痛点？为了找到痛点，产品经理前赴后继找了很多种工具，有一个工具被广泛使用：用户画像。

用户画像就是对核心目标用户的精准描述，通过具体的用户标签来明确用户的核心数据，用户的核心购买理由，甚至是用户的关键差评。《赢在用户：Web人物角色创建和应用实践指南》一书将其翻译为"人物角色"，是在海量数据分析基础上，将信息具象化得到的一个虚拟用户。

用户画像可以使产品的服务对象更加聚焦，服务人员更加专注。纵览成功的产品案例，他们服务的目标用户通常都非常清晰，特征明显。

用户画像的最大好处就是提高沟通效率，要知道，用户购买行为和产品研发之间有一道巨大的鸿沟，通过用户画像的精准，可以大幅提升产品研发的效率。

用户画像的最大难题是如何找到核心用户。找到核心用户非常重要，只有找到核心用户，才能建立起有效而正面的口碑。

将用户的痛点集中到几个具有典型代表性的用户身上，简化需求分析。比如，小米会将用户的痛点集中在一个典型代表性用户身上，就是发烧友。

看看另外一个产品高手史玉柱是如何挖掘一级痛点的。史玉柱是一个深耕用户的人性大师，而且被认为是"暗黑系"的。史玉柱的名片上专门印了一个职位：高级专家客服。史玉柱找一级痛点的方法就是访谈消费者。

史玉柱做脑白金时，公司内部规定，所有广告部的人和搞策划的人，每周必须访谈50个消费者。史玉柱要求全国各地的分公司经理、总部的部门负责人，每个月都要访谈30个消费者。

"送礼"这个概念就是从老太太那儿聊出来的。我觉得做产品的整个过程都离不开消费者。我一直跟公司内部的人强调，最好的策划导师就是消费者。我每出一个广告语、每拍好一个广告都离不开消费者。比如老头老太太那个脑白金的电视广告，我拍出来之后，就把全国分公司经理、总部的骨干全部召集到一起看。最后上不上我有否决权,但是我没有同意权。五六十个人投票,只有三分之二的人都举手了,说好了,才能播。

为了保证访谈的真实性,史玉柱会定期做检查。对于访谈作假的人,史玉柱会在公司开全国大会时,把他拎出来,让他在台上连讲100遍自己没有信誉。假如他叫张三,就讲100遍"张三没有信誉"。下次他就不敢了。

史玉柱挺狠的。但是,我还是认为,这不是定一级痛点的狠招。什么是确定"一级痛点"的最强办法?

我发现,找一级痛点跟马斯洛发现人类需求的五个层次一样。用户的一级痛点也分为三个层次,我称之为"贪嗔痴"模式。

第一层次:贪——性能的痛点;

第二层次:嗔——颜值的痛点;

第三层次:痴——性能+颜值的痛点。

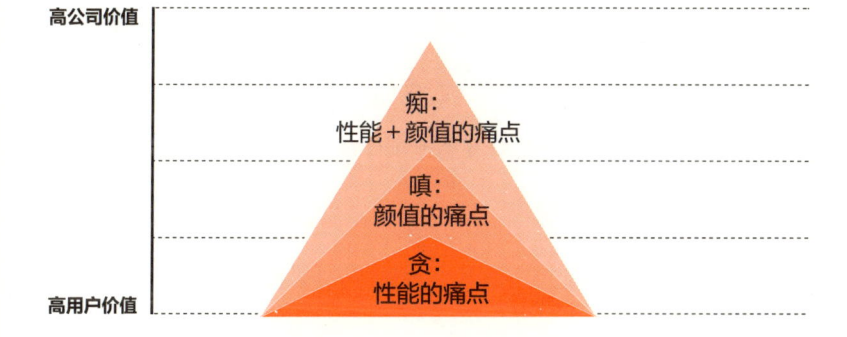

▲ 用户的一级痛点也分为三个层次，"贪嗔痴"模式

贪：性能战

打好性能痛点战，有三个核心路径。

第一是优质优价模式。就是产品拥有强大的性能、品质、功能、价格相对高。

第二是优质中价模式。就是产品性能、品质、功能相对比较强大，价格中等。

第三是性价比模式。就是产品性能做得很高，价格很低。

但请记住，性能痛点战的核心不是低价格，而是更高的性能。特别是对很多新品牌、小品牌来讲，性价比是干对手的最强武器。

此外，不管是优质优价、优质中价，还是性价比这个最核心的武器,一定要强化产品的性能,不断地迭代,不断地升级。

性能战的核心关键是让我们产品的性能做到强大。这一点不是站在公司的角度,而是真正做到用户心目中的性能强大。

有两个重要的关键词:第一,可感知。可感知性能痛点,能够被用户感知到。第二,值钱。性能不仅要可感知,而且也要比较值钱。

例如,一个产品卖99元,如果你的一级痛点价值9元,它肯定是很难爆的。如果你的一级痛点就能价值99元,它一定会爆。

性能战的最强打法,是把产品的核心性能变成性能键。

什么叫性能键?就是产品的性能非常强大,甚至某个关键性能强大,强大到一定的地步,把它变成了用户可以感知、可以触摸的按键。

例如,苏泊尔的炒菜锅采取的优质中价的模式,它的性能痛点甚至会有一个性能键,叫小红点技术。

再举个典型的例子,拍照手机。拍照手机有一个非常重要的性能键就是摄像头。大家都知道以前的iPhoneX是双摄像头。现在的是什么呢?三摄像头。小米9也是三摄像头,摄像头其实已经变成了手机行业非常重要的核心性能。

而且我想告诉大家,多摄像头这个创意是中国人创造出来的。苹果也是跟中国学的。

【案例】小米移动电源：找到一级痛点打爆一个行业

回顾小米移动电源的发展轨迹，就不得不说一个关键人物：张峰。张峰，小米移动电源操盘人，紫米科技创始人。第一眼，你就能看出他是一个工科男，理性，严谨，有一说一。

2013年2月，小米提出投资100家智能硬件创业公司；4月，雷军问张峰能不能创建一家专注做移动电源的公司；5月，确定方向后展开市场调研；8月，正式开干；12月，产品全面上市。

其中，5月是小米移动电源发展的关键节点，其产品定义明确为"品质最好，售价69元"，成为打爆移动电源市场的重要狠招。

不过，张峰为此付出了极大的代价，挑选电池、选择芯片、选用铝合金外壳是考验其执行力和毅力的三道坎。雷军在产品发布会前见到张峰，第一印象竟然是感觉他至少老了10岁。

那么小米移动电源如何找一级痛点？

一是极致的专注。一开始张峰的目标不是69元性能最好的产品，而是打算开辟两条产品线。第一条是生产更高标准的进口移动电源，售价99元；第二条是生产国产电池的移动电源，售价69元。

后来发现必须坚持最高标准，选择99元规格产品。张峰去说服雷军不要生产69元产品，专心做99元进口电源。雷军觉得他说得有道理，采纳了他的建议，但是告诉张峰必须按进口标准做69元的移动电源。

二是价格一定要打到最低。张峰的经验是，选择正确的合作伙伴，没有供应商的鼎力支持，很难在短时间内拿到最佳价格。

张峰与供应商一般是这样谈判：直接找供应商老板，告诉他有个项目，问对方是否能做。在一般情况下，供应商都会问什么项目、投入多少，但由于张峰没有时间具体谈价格，只问能不能做，能做再告诉对方项目和价格，不能做再找别家。

小米移动电源属于"既要马儿跑，又要马儿不吃草"类型的产品，张峰要求供应商提供高品质且价格亲民的材料时，他们往往会有抵触情绪。但经过一番解释后，供应商会基本认同这种理念。这种理念是一个让小米把价格打到最低的关键。

三是死磕金属壳。为何死磕金属外壳？因为移动电源外观材料只能选用塑料或金属，用户认为塑料在颜色处理上不如金属好看，而且只有金属才能体现产品的高性价比，因为用户无法感知电池和芯片的性价比。

小米硬件产品基本上是零毛利销售，好处是销售渠道相当于供应商专卖店。对供应商而言，则是提供大量稳定的订单。结果是，小米移动电源第一年就卖了近2000万台，成为全球出货量最大的一款移动电源。

嗔：颜值战

性能战是绝杀，更绝的是颜值战。

怎么打颜值战？它也有三种路径。

第一是高颜高价模式。就是产品颜值很高，价钱也很高。

第二是高颜中价模式。就是产品颜值比较高，价格中等。

第三是颜价比模式。就是产品颜值很高，价格很低。

好多年轻人说"颜值即正义"。颜值对很多年轻人，特别是"80后""90后"来讲，非常非常重要。

这里给大家解读一下什么叫"颜值即正义"，就是一个产品，如果你有颜值，我才会看你一眼；如果没有颜值，只有性能，我会拉黑你，很多人甚至觉得产品有性能没颜值是邪恶的。

现在年轻人讲一句话，叫"始于颜值，陷于才华"，对于产品而言也是这样，什么意思呢？特别是我们的线上爆品，如果你的产品只有才华，只有性能，没有颜值，用户看都不会看你，明白了吗？

其实我们的很多用户，比如"60后""70后"，他们选产品的时候是选什么呢？是选功能跟价格。

但是"80后""90后"他们选产品是选什么呢？选颜值跟性能。

而颜值强大的一个关键武器，就是把颜值变成颜值键。

什么叫颜值键？

颜值键是我们大爆品的一个关键词，它甚至是产品的一个重要特征。颜值键就是把产品的颜值进一步强化做到极致，甚至变成用户可触摸的按键。

颜值键就是用户看到我们的产品，就可以立马叫出公司的名字。

例如，看到苹果的产品，甚至不看logo，你就能知道它是苹果的产品。

比如苹果笔记本有个非常重要的颜值键就是熔铝合金的外壳。苹果手机从一代到第十三代，有两个非常关键性的颜值键：第一是超薄机身，第二是金属机身，用的是铝合金或不锈钢。

【案例】花西子：如何用颜值打造雕花口红爆品

从0到线上彩妆品类第一品牌，花西子用了三年的时间。

花西子成立于2017年3月，8月入驻天猫旗舰店。

2018年销售额只有4319万元。

2019年销售额达到11.3亿元，暴增25倍。2019年4月到9月，花西子雕花口红登上淘宝口红单品前十，月销量超过10万件。

2020年销售额则是突破30亿元。天猫粉丝量破千万，月销售额超过1000万元。2021年第二季度花西子凭借着8.3亿元的GMV（商品交易总额）拿下国产美妆品牌第一。

花西子快速成长的核武器就是大爆品。花西子第一个大爆品是眉笔，第二个大爆品是蜜粉，第三个大爆品是雕花口红。

什么是花西子最强悍的爆品武器？

绝对是颜值。

雕花口红是这种颜值武器的核心体现。

先看下花西子产品开发流程：立项—从用户和数据发现需求—研究全球顶级同类产品—与大牌同厂顶级供应链谈判—不设限打磨产品—内外部产品评测—上市之后不断迭代。

花西子雕花口红在国货浪潮里，做到了又贵又爆，原因有三。

1. 可感知的产品颜值。花西子雕花口红漂亮的雕花设计是吸引年轻女生的关键点，花西子苗族印象高定彩妆更是把苗族银饰浮雕做得直接可感知。

2. 把国潮颜值营销出圈。正如花西子创始人花满天自己所说："卖产品不如卖服务，卖服务不如卖情感。"花西子很擅长情感营销，而且打深打透。一方面，在小红书等社交媒体上深度种草。另一方面，深度绑定头部主播李佳琦做直播带货营销。

举例，花西子甚至跟国风高定时装品牌盖娅传说合作，在中国国际时装周上推出联名高定礼服,"花西子×盖娅传说亮相中国国际时装周"的话题还上了微博热搜。

3. 用户体验官的深度参与。花西子从2018年就开始引入用户体验官制度,让用户深度参与评测、迭代产品,据说,至今已有20多万名用户体验官。用户体验官需要筛选、维护,甚至要寄送样品,收集反馈,这是一件非常花费精力和金钱的事情,但这种参与感的能量极其惊人。

据说,花西子有一个上百人的"用户体验群",创始人花满天和花西子所有高管都在群里。花满天每天至少花半个小时看用户评价,只要有差评,他就发到用户体验群,要求改进。

看了花西子的做法,你是不是觉得跟手机行业小米的做法非常像啊。

痴:性能+颜值战

性能战(贪)是绝杀,颜值战(嗔)是超绝杀,痴就是双绝杀。

就是做产品,既要打颜值战,又要打性能战。

举例,日本的天妇罗为什么能卖得那么贵?

我去日本东京一家天妇罗餐厅吃饭,这家店还不是日本最顶级的,算中等偏上的,一个人一千块钱,我们去了三个人,最后花了三千块钱。但是我们吃的是什么呢?一整套大概十道菜,荤的只有两道,就是炸小鱼和炸虾,其他的全是炸的蔬菜。但是,这个一千元一位的天妇罗,我印象非常深刻,下次还会来。原因有两个。

第一,日本的天妇罗真的非常好吃,他们炸的小鱼,用筷子轻轻就能碾断,非常酥脆好吃。这就是它的强大性能。

第二,他们的颜值做得非常高,在一个日式的庭院里面,有着日式枯山水的园艺,非常漂亮,而且餐具和食物的颜值、就餐仪式感都超级强。

在本书我特别想给大家讲一个概念,就是中国制造、中国品牌,为什么一直缺乏高溢价,一直是中低价格竞争,其中一个关键原因就是缺乏颜值力,很多老板甚至不重视颜值。

一个产品进入痴的模式,其实也是进入了产品的最高境界——粉丝模式。粉丝模式就是让用户变成粉丝,用户对产品产生了强信任感。

让用户闭着眼睛买,这是一种多么强悍的产品力!

想想我们身边的产品,有哪些产品可以让用户闭着眼睛买?

第五章 痛点战:伪痛点是战略死穴

【案例】足力健：怎么找痛点做出大爆品

足力健的张京康是如何从一个普通打工者变成一个几十亿级的爆品高手的？2000年，他从山西来到北京，还没来得及大展身手，就因没暂住证，被扣了起来，遣送回家。

2008年前后，两年时间，亏了3000万元。张京康总结道："那个时候，我更侧重于对产品、品牌和资源的整合，而不是侧重于用户。"

一级痛点是画出来的——必须清晰用户画像。张京康2013年开始做老人鞋，卖得很不错，但没有爆品。2016年张京康参加完爆品战略总裁营后，开始以"用户为中心"打造爆品。

回去后成立的第一部门就是用户研究中心，张京康亲自带队。老板自己成为首席体验官，亲自服务了500个老人用户，跪着给他们穿鞋，深度洞察老人的痛点。他也明确了老人鞋产品的用户画像：55～65岁，企事业单位的退休职工。

张京康会定期买一个对标大牌斯凯奇的产品，为了加上对方店长的微信，一个月有20天都去店里看鞋。现在他手机里存了十几个店长的微信，斯凯奇一出新品他就能很快买到。

一级痛点是测出来的——必须进行毒舌内测。张京康带领团队研发了一款流量产品——羊毛袜，调研了500多位用户，老年人到底需要一双什么样的袜子？最后得出答案：他们需要一双不勒脚脖子的袜子。

张京康团队最终做出了一款既不勒脚又不掉的澳洲羊毛袜子，羊毛含量达到49%，价格低至10元三双，这款袜子一下子就爆了。

甚至选代言人，也要用户毒舌内测：55岁以上的用户觉得张凯丽好，投票最高。但是张凯丽不接鞋的代言，张京康不断死磕，用诚意打动了张凯丽。

一级痛点是改出来的——必须建立改改改机制。创始人一定要成为首席产品官。张京康左手托着用户研究中心，右手托着产品研发中心，不断研发，不断迭代。

张京康说，做事不狠，做产品不狠，迟早要被干掉！

痛点战的落地指南

◎ 什么是痛点？

痛点就是用户的需求点，是用户愿意花钱的购买理由。伪痛点就是看起来是强需求，但不是用户的购买理由。

◎ 伪痛点有三大表现：

1. 不是用户品类。

2. 不值钱的需求。

3. 不可感知。

◎ 用户的一级痛点的三大层次，我称之为"贪嗔痴"模式：

第一层次：贪——性能的痛点；

第二层次：嗔——颜值的痛点；

第三层次：痴——性能＋颜值的痛点。

◎ 打好性能痛点战，有三个核心路径：

1. 优质优价模式。

2. 优质中价模式。

3. 性价比模式。

◎ 打好颜值痛点战，有三个核心路径：

1. 高颜高价模式。

2. 高颜中价模式。

3. 颜价比模式。

◎ 痴是颜值加性能双绝杀，也是最强痛点模式：

一个产品进入痴的模式，其实也是进入了产品的最高境界——粉丝模式。粉丝模式就是让用户变成粉丝，用户对产品产生了强信任感，用户会闭着眼睛买。

第六章
尖叫产品战

产品是1，营销是0

什么是尖叫产品战？

就是产品自己会说话，有强大的口碑。说得再直接点，就是在产品早期，没有任何广告的情况下，靠用户的口碑就能实现从0到1的冷启动。

尖叫就是产品的口碑指数。在传统的"流量光明森林"里，产品很重要，但是有没有口碑指数并不是生死关键。而在互联网的"流量黑暗森林"里，产品的口碑指数则是生死关键。

产品是1，营销是0。这是爆品战略的核心价值观。在互联网上，一切中间环节被砍掉，只有产品够尖叫，营销才有把产品放大10倍、100倍的威力。如果产品不够尖叫，光靠营销放大，是很难持续的。

雷军创立小米时，对过去的金山模式有过深入骨髓的反思。一个最重要的反思就是产品思维。"中国很长时间是产品稀缺，粗放经营。做很多，也很累。一周工作7天，一天恨不得干12个小时，结果还是干不好，领导就认为雇用的员工不够好，就得搞培训、搞运动、洗脑。但从来没有考虑把事情做少。互联网时代讲求单点切入，逐点放大。"

大爆品最大的敌人是什么？

是营销话术。

什么叫营销话术，就是我们的产品开发出来，为了吸引用户而设计的话术关键点，中国很多企业喜欢挖空心思做广告设计、营销设计。

产品是1，营销是0。它背后的核心逻辑，就是要打造直接可感知的强价值锚。

价值锚的反面就是话术。

凡是不能被用户直接感知的体验都不叫体验，都叫话术。

在互联网时代，话术会很失败，凡是在话术上下大功夫的产品最终都会被爆品干掉。

举两个"话术大师"的例子。乐视的创始人贾跃亭，创造了很多概念，比如生态化反，但是核心产品大溃败。另外一个是罗永浩，罗永浩其实也是一个营销高手，我曾经讲过一个罗永浩的例子，以前他做英语培训的时候，赞助了迷笛音乐节和一批摇滚玩家，玩跨界营销。

打造大爆品有一个非常重要的核心法门：在一厘米宽的地方，做到一公里深。

就是我们在打造大爆品的过程中，要有挖地三尺的精神，在关键点上打深打透。你会发现当你的产品做到500米深时，对手已经很少了，当你的产品做到一公里深的时候，你是没有对手的。因为大部分人做产品是一米的宽度能做到一米深就不错了。

雷军有一次跟我讲，说小米就是要做一个"有人排队的小餐馆"。有人排队，说明这个餐馆一定有绝招，有一个爆品菜，而且只要把它不断地往死里做，就会不断地有口碑。

有人排队的小餐馆，一定是口碑非常强大的。例如我家附近有一个小苍蝇馆子，非常小，就是一个串串店，十几个人就坐满了。但我每次去，都会遇到人排队的情况。

一个非常简陋的餐厅为什么经常有人排队？因为这个串串店有一道菜做得非常好，叫猪脑花。猪脑花是特别重口味的，一般做不好就不好吃，他家的猪脑花是我在北京吃过最好吃的猪脑花之一，为了提升口感，它的很多原料甚至是直接从成都运过来的。

用"在一厘米宽的地方，做到一公里深"的指导方针，定义出产品的价值锚，这就是产品尖叫战的核心打法。

请注意，爆品是定义出来的。产品定义会是大爆品的核心机制。

**营销是1，
产品是0**
传统工业时代

**产品是1，
营销是0**
互联网时代

▲ 过去，营销是1，产品是0，

要想产生10倍级的增长，就是放大营销这个1；

现在，产品是1，营销是0，

要想产生10倍级的增长，必须放大产品这个1

PK对象

如何定义好大爆品而不会定歪呢？

PK对象就是关键路径。

第一，打造大爆品一定要选准PK对象。

PK对象特别重要，它是爆品级产品定义的一个路标，也是用户一级痛点的核心证明。我们80%的企业学员做不好大爆品，其中一个非常重要的原因就是在PK对象上选得非常不认真，非常不精准。

例如，有个爆品学员，做了一个卖300块钱的包包，要PK大牌LV，这不叫PK，这叫瞎想。

还有一个公司，公司规模差不多几个亿，他们老板说我们的PK对象是迪士尼。因为他们跟迪士尼是一个行业、一个品类，但这样PK可以吗？不可以。迪士尼有几百个亿，你只有几个亿。

选对PK对象，有几个非常重要的指标：

1. 核心品类接近；

2. 终端价格接近；

3. 产品有2~10倍的领先。

例如，国产旅行箱品牌90分是怎么样选PK对象的？90分的渠道能力、供应链能力是非常强的，他们花了几年时间在电商上干到了品类第一。干到第一之后，90分就通过选PK对象来确定自己的核心方向，找来找去他们发现，在国内性价比比较高的国际大牌就是新秀丽。

新秀丽跟90分就是属于品类接近，终端价格接近，但产品的关键数据，比如销量，是90分的好几倍。

我经常提醒：小胜靠朋友，大胜靠对手。一个清晰的PK对象，也是一个战略选择。

PK对象找错是非常麻烦的，会导致你的战略变形。

第二，做大爆品要直击PK对象的软肋。

不仅要找到用户的痛点，更要找到领先PK对象的痛点。

我们有时候会花很多钱来研究分析PK对象。例如，我们最近给一家内衣企业做咨询，他们选的PK对象是优衣库。

选好优衣库之后，开始分析优衣库，来找优衣库的软肋。

他们找了几个软肋，说优衣库的产品容易变形，容易起球。我们做一个不起球不变形的内衣就能把优衣库给干了吗？我想说一点都不可能，起球和变形是优衣库的缺点，但不是它的致命软肋。

中国大部分的内衣品牌都被优衣库吊打。优衣库的产品是不是起球？是的。是不是洗过几次就变形？是的。但是我还是会买优衣库。为什么？

优衣库的产品软肋到底是什么？这不是本书要讲的内容，因为一句话也讲不清楚。但有一点可以明确，它卖的是大牌感和高性能面料。

但怎么样找对手的软肋呢？

第一，我们一定要找它的最大优势，就是要找它的性能优势在哪里，颜值优势在哪里。

第二，我们一定要找对手的护城河，什么叫护城河？就是其他人抄不了的地方，往往就是对手最强的核心。

比如优衣库，我们有很多学员的工厂是给优衣库做代工的，优衣库在质量上的严苛程度是非常残酷的，比如优衣库有一个标准是衣服上不能有线头，就这一点就干掉了很多代工厂。

第三，我们要找到对手的致命软肋，这不好找，找着了就值钱。

例如，什么是新秀丽的致命软肋？90分通过大量的洞察研究发现，新秀丽对广大中国人民来讲最大的痛点就是性价比太低了，换句话说，同样的性能，新秀丽的价格还是非常贵的，所以性价比就是新秀丽的致命软肋。

90分采取了一个以强攻弱的策略。90分拿一个塑料旅行箱来PK新秀丽，用的是跟新秀丽一样的进口材质，但价格是299元，而且在电商上打深打透，做到了品类第一。

事实证明,第一,299元这个价位新秀丽不会干。第二,90分用299元的价格直接干了新秀丽2000元这个价格段的产品。90分的产品非常尖叫,不仅抢了新秀丽的用户,而且还抢了新秀丽的份额。

这就是大爆品的威力。

流量产品战

什么是流量产品战?

就是用产品来拉动用户流量的方式。设计流量产品是爆品模式的一个必修课。

流量产品有多重要?它是很多公司的第一竞争力,甚至是生死线,因为没有流量就没有一切。

流量大爆品是公司级战略。

讲一个小例子,中国平安的董事长叫马明哲,他很多年前就有一个叫矿泉水的理论,他说在7-11这样的便利店里面,矿泉水因为性价比很高,需求量很大,会被摆到货架最显眼的位置,这就是流量产品。

打造流量大爆品最常见的一招就是高性价比。比如,首单免费几乎是所有互联网公司最基本的招数,神州专车有一段时间是买100元返100元，后来又干了一招狠的，给所有用户直接送1000元。

小米移动电源，10 400毫安才卖69元，小米插线板也是超高性价比，只卖49元，为什么？因为它们都是小米的流量产品。

流量产品怎么定？其实它有三大路径。

1. 定流量巨大品类。

那些流量巨大、客单价低、标准化的品类才是王道。

2. 定用户转化率。

有高转化率是流量产品的唯一指标，就是要能够对目标用户进行转化，否则就是失败的流量产品。

3. 定价值锚。

流量产品也要是尖叫产品，也要体现公司的差异化的价值锚。

传统企业中，宜家是设计流量产品的高手。

宜家很奇葩，一个传统企业，在电商这个12级海啸的大浪里，竟然一直独善其身。2013年宜家网站的访问量增长了将近20%，而与此同时其线下店的客流量下降了1%。才1%，估计很多传统家居的企业看到都要撞墙了。

宜家也不奇葩，它就是家居业的苹果。在我看来，宜家能成为异类，不是因为家居品类的特殊优势，不是因为宜家的供应链强大，而是因为宜家和苹果一样，都有一个不死秘籍：强悍的流量产品。

宜家的产品，都是设计师设计，很有范，一个品牌竟然创造了一种风格——宜家风，表面上卖的是简洁、美观以及价格合理，背后也有着北欧式平等自由的精神。

宜家很多产品是用户心目中"不买会死的产品"，这就是宜家的流量产品，每隔几米都有一个。比如，宜家的拉克桌，最低价33元；宜家的布朗达碗，最低价7.9元4件；宜家的平底锅，才7.9元。

但宜家最爆的流量产品，是1元的冰淇淋。

中国有30多家宜家商场，销售额超150亿元，一年的访客数能达到1亿多人次，以前却可以卖出1950万支冰淇淋，相当于每天卖掉5.3万支冰淇淋。

好多中国公司学宜家的冰淇淋，但都学不会，最关键原因是：战略性流量产品。

这些年，不管原材料和人力成本如何上涨，各国宜家的冰淇淋却从未涨价，甚至公司还有一个明确的说法：要卖30英里内最便宜的冰淇淋。

这款冰淇淋虽然便宜，但是奶味浓郁香醇、蛋筒香脆，这是因为宜家用的是冰淇淋奶浆而非冰淇淋粉，而且很满很匀实。

宜家在冰淇淋上甚至不断创新，有双色冰淇淋，卖2元。

宜家在中国甚至推出了一个网红水果冰淇淋，叫桃子冰淇淋，卖25元，是一款网红产品。

爆品的王道不是低价，但流量产品的王道就是超高性价比。

【案例】铜师傅：爆品聚焦与砍SKU

铜师傅如何通过爆品聚焦与砍SKU，成为创意家居杀手？

1. 爆品级聚焦和创新

创始人应该把90%精力花在产品上，5%花在人才上，4%花在管理上，1%花在生活上。

产品研发切忌假大空，必须踏踏实实接地气。

过去的铜器，就是铜的宝塔、铜的财神、铜的动物，产品设计上并不极致。

铜师傅在产品创新上投入巨大，老板成为首席产品经理，死磕产品。把铜工艺品做到极致，就是做到全世界造型最精准，像孙悟空脸上的毛发都做到一根一根的，这个只有我们做得到。

铜师傅甚至整合全球IP做创新，铜师傅跟中国国家博物馆推出了错金银犀尊，跟大英博物馆推出了罗塞塔石碑花瓶。

铜师傅跟美国时代华纳联名，推出了纯铜钢铁侠。铜师傅跟漫威联名，推出了纯铜的复仇者联盟，有纯铜灭霸，纯铜的反浩克机甲。铜师傅还跟变形金刚联名，推出纯铜版擎天柱、大黄蜂。

2. 砍SKU

别留恋已有经验、成就，方向错了，必须修正，否则只会离成功越来越远。

专注很重要，铜师傅专注铜工艺品，虽然说做树脂这些东西对他们来讲易如反掌，比做铜的更容易，但他们说始终不会去碰。

铜师傅始终把所有的铜工艺品的SKU控制在200个以内。新品推出就马上淘汰卖得不好的老品。每年铜师傅会淘汰两次，一次"618"，一次"双11"，每年淘汰率差不多在50%，有一半的产品要下架。铜师傅内部定了一个规矩，像"618"，有30个新款要上，老款就必须淘汰30个，这个是他们给自己定的死命令。

2019年，铜工艺品有156个SKU，不允许超出200个。我去考察了很多友商，一个厂一年销售额1000万元，但是它展厅有4000多平方米，里面可供我选择的单品有5000多款，5000多款一年卖1000万元，这是很多同行的生存现状，所以我死活都不要干这样的事情。

铜师傅旗下还有一个家具品牌——铜木主义,他们所有家具有两大原则:第一必须用美国进口的正宗黑胡桃原木,不用任何贴皮和上色,就用100%的原木;第二,每一件家具上面一定会出现铜元素。

之前,铜木主义开发了四五款家具,最多的时候达到了200多个SKU,但后来铜师傅发现自己偏离了做爆品的初心,有点贪大求全了。所以,铜师傅一口气砍掉了洛克威尔美式系列、大千新中式系列、御鉴新中式系列、戈雅榉木系列,甚至最畅销的一款爆品家具——塞尚系列,也全线下线,铜师傅想打造两三款经典的、持久畅销的家具产品,那就必须做减法,把有限的精力聚焦。

3. 口碑是最靠谱的广告

把钱花到产品上,是最靠谱的广告费。

铜师傅所有的广告费支出,占销售收入的比例在5%左右。

口碑传播,永远胜过任何营销广告。

不琢磨产品,只知扩大广告投放犹如吸毒,短时间爽死,长期来看肯定毒害生命。

营销要借力打力,有些产品赚不了钱,但能赚到话题。

铜师傅甚至跟国产大IP（知识产权）"流浪地球"联名，推出限量版运载车、限量版刘培强宇航员。天猫粉丝增长了十几万人。

铜师傅跟六小龄童联名了一款产品"大圣之传奇"，当时大家都为猴年没上春晚的六小龄童鸣不平，铜师傅借机造了话题。

秦始皇帝陵博物馆的秦俑天团火了，铜师傅跟他们联名了铜版秦俑天团，也赚了不少眼球。

现在不缺平台，缺的是好产品。

旗舰产品战

什么叫旗舰产品？

旗舰产品就是决定公司生死、决定公司利润、决定公司品牌的产品。像小米10、特斯拉model 3、苹果iPhone 11，这就是旗舰爆品。

旗舰大爆品是公司不能输的产品。

旗舰大爆品是既要赚钱又要赚势能的产品。

旗舰爆品的产品定义是战略级的，怎么定义好旗舰产品呢？有三大落地路径。

路径一：一级痛点定义会

一级痛点定义会是一个关键节点，是要按决策确认键的。痛点定义会我们一般希望老板、产品总监、营销总监、供应链总监共同深度参与，跟产品团队一起开，形成机制。

一级痛点定义会有三个关键节点。

1. **一定要确定核心用户画像**。我们之前讲过用户画像，但这次要把它确定下来。我的核心用户画像到底是谁，我到底是卖给妈妈还是卖给年轻人，还是卖给男生，或者卖给小孩，要非常明确。

2. **挖出20到50个痛点**。这是一个必需动作，让用户参与，挖出一个用户对产品的20到50个痛点。

3. **确定一个一级痛点，老板按确认键**。举例，一个爆品学员是做维生素C的，他说产品的一级痛点是"增加免疫力"。这是错的！大家知道所有的维生素C都可以增加免疫力，这是品类痛点，这不是你专有的，这不是你的一级痛点。你的维生素C是含量更高，还是味道更好，还是性价比高，这是关键。你要定出一个一级痛点，就是用户"不买会死"的购买理由。

路径二：PK对象定义会

PK对象定义会有几个关键节点。

1. **定一个清晰明确的PK对象**。清晰的PK对象有一个关键指标,就是2~10倍的领先,不能领先太多,领先太多你PK不过。比如,一个小火锅店一上来就要干海底捞,这就是低级的战略错误,因为你拼不过。

2. 一定要找到PK对象的优势点。很多中国企业在研究对手上是做得比较差的,对对手一定要战略上藐视,战术上重视。千万不要战略上藐视,战术上也藐视,这就麻烦了。

3. 找到领先PK对象的最大软肋,贴身PK。举例,小米有一款彩虹5号电池,其实小米所有产品都会找一个领先产品PK一下,大家知道市场上卖得最好的是南孚,那就PK南孚电池。

南孚电池的性价比挺高,于是小米针对性地想出了一个策略:同等价格拼性能,同等性能拼价格。首先性能跟南孚靠齐,小米用的是日立监制的maxell的电芯,而且还有一个收纳盒,电量更持久。这个电池比南孚性价比更高,它是9.9元10节,很快成为一个大爆品。

路径三：价值锚定义会

价值锚定义会是产品战的发动机,开好价值锚定义会,关键是确定好几个关键节点。

1. 定供应链。什么叫定供应链?定供应链就是围绕产品的供应链,在全球优质供应链中挖地三尺,找到产品最优解。

2. 定价格。定价格也很关键,大爆品的价格有时是根据市场环境确定的，有时是根据竞争对手来定的。同等价格拼性能，同等性能拼价格。价格其实跟你的性能、颜值指标有关。

3. 定价值锚。大爆品一定要研发出产品最强差异化点，这个差异化必须是直接可感知的强价值点。

例如，云米就是通过准确定义大爆品的价值锚杀出重围的。云米的创始人叫陈小平，以前是美的的高管，早期也上我们的课，后来加入了小米，做了一款产品叫小米净水器，我家现在用的净水器都是小米的。

陈小平的产品为什么能够打动我，就是因为它的产品太尖叫了。它的尖叫点在什么地方呢？

就是全球顶级进口的RO（反渗透）膜。顶级进口RO膜，500斤通量卖多少钱？沁园品牌，卖6000元左右。陈小平可以赢过市场上所有的主流产品，甚至可以赢过很多中高端品牌的净水器。小米净水器当时选的同等性能的对手，价格都在6000元左右，但小米这个产品卖多少钱呢，1299元。性能强大。大家不要说不赚钱，这个产品挺赚钱的，而且爆炸式增长，两三年时间就干到了全球领先。

这就是"产品定义定天下"！

尖叫＝超预期的口碑

有一次我问雷军什么是口碑的本质，他反问我："好产品一定有口碑吗？"

我说："不一定。"

又问："便宜的产品一定有口碑吗？"

我说："不一定。"

问："又好又便宜的产品一定更有口碑吗？"

我说："不一定。"

那什么是口碑呢？

口碑就是超越用户预期。说得直接点，就是在三星级的餐厅，享受到五星级的服务，绝对超预期，绝对有口碑。

口碑也是提升产品转化率的关键。转化率就是用户进来之后，有多少人转为花钱购物的顾客。所有高转化率的产品，强口碑是关键。

口碑也是提升产品复购率的王道。复购率就是用户的重复购买比率，或者说推荐其他用户购买的比率。所有强复购率的产品，强口碑是关键。

看看腾讯如何打造尖叫的用户体验。马化腾自1998年创立腾讯，历经二十几年，几乎所有互联网的大风口都没有错过。我认为，腾讯屡次跳过生死危机，就是靠爆品自我拯救。

第一个转折点：1998年。早期QQ能跟OICQ等众多即时通信软件PK，跳出生死局面的原因就是马化腾找到了一个搞定中国用户的口碑点：卡通头像。

早期用QQ上网认识的大多是陌生人，我们在QQ上聊天完全不知道对面坐的是一条狗还是一个人。所以当时QQ用户都可以有一个很可爱的卡通头像，让用户想象这个头像背后是什么样的人。

第二个转折点：2003年。腾讯早期是靠中国移动的增值业务赚钱，但这里面也暗藏危机，怎么办？腾讯竟然搞出了一个互联网增值服务的爆品——QQ秀，让腾讯摆脱了对中国移动的依赖。

QQ秀的口碑点就是炫耀。QQ秀本身是一种会员类的服务，因为年轻人有炫耀的需求，开通会员星星、月亮等级加速更快，名字会排在其他好友前面，这样他们很有面子。

第三个转折点：2004年。网游很火爆，当时有棋牌轻游戏、网络重游戏等几个流派，没有任何游戏经验的腾讯如何冲出杀局？腾讯第一款重度网络游戏《凯旋》是很失败的，但是后来，腾讯竟然搞出了一个棋牌游戏爆品——斗地主。自此，游戏成为腾讯商业模式最重要的部分。2004年到现在，公司超过一半的收入来自游戏。

第六章 尖叫产品战

第四个转折点：2005年。web2.0甚嚣尘上，有不少新的杀手级应用出现，怎么办？腾讯推出了一款爆品——QQ相册，也干掉了另外一个对手51.com。

第五个转折点：2011年。移动互联网呼啸而至，BAT也面临着生死冲击，这个故事大家都知道了，又一款爆品出世救主——微信。

再举个例子，2011年前后，中国企业开发的类似"微信"的产品有二三十个，米聊是第一个做微信类产品的，但最后，为什么都落后于微信了呢？

就是因为微信创始人张小龙抓住了一个关键点：让用户爽。

张小龙解释说："因为用户没有感觉到爽，很多大公司能够过'技术'这一关，但他们缺乏的是艺术，缺乏的是哲学层面上的思考。"他说，真正互联网的产品是技术和艺术的结合。"性与暴力"，是张小龙让用户感觉到爽的两件独家利器。

张小龙有过教训，有一次他亲自在一个线下活动推广微信，说微信可以免费发短信、语音，没人有反应，但一说可以搜到附近的美女，好几个人都跑过来说赶紧给我装一个。

"摇一摇"的"咔咔咔"声音也是张小龙精心挑选并设计的。"这个枪声，你可以说是一种性感的暗示。对于男生来说，它甚至带有暴力的暗示，这很爽。"张小龙说，枪声的灵感可以追溯到他玩CS（《反恐精英》）时的体验。

微信的快速崛起，靠的是一个个尖叫的口碑产品，比如公众号、微信红包、企业号等。

2013年10月24日，微信的用户数超过6亿人。2021年年底，微信在全球范围内的用户总数已经超过了12.6亿人。

另外一个案例是抖音，在强大的微信面前，竟然杀出一条血路。

抖音是2016年9月20日上线的。到2020年8月，4年时间，包含抖音火山版在内，抖音的日活跃用户超过6亿人。

抖音的快速爆发主要在两点，甚至通过爆品重新定义了生态。

1. 兴趣内容

抖音把以兴趣为中心的内容做到了极致，甚至是让用户上瘾。

拍抖音视频也很简单，成本极低（无须太长时间，不用花钱，不用费脑，不费体力）、难度极低（官方有教学视频，自带曲库、滤镜），几乎不存在用户没能力做到的情况。

玩抖音不需要什么能力，点开就行，只需上滑就能不断地看，标准的"傻瓜式"操作。因此抖音也不存在用户选择成本。

刷抖音的时候，大数据算法深谙用户的内心，你不知道下一个视频会不会更有趣，但你知道"好玩好看好笑的事情即将发生"，因为你曾被满足了一次又一次。

UGC（用户生成内容）是抖音的核心，为了激发用户创作欲，抖音官方设置了许多挑战，比如海草舞、手指舞、变装秀等等，亲自主导了一波波潮流。

2. 兴趣电商

兴趣电商的核心是精准的兴趣商品推荐，通过推荐技术把人设化的商品内容与潜在海量兴趣用户连接起来，用内容激活用户的消费需求。

不知道吃什么怎么办？看看吃播视频，立刻就发现了方向。

不知道怎么穿搭怎么办？抖音上搜一搜，什么身材的博主都有，试错、测评样样齐全。

围绕兴趣电商，抖音打造了一系列的产品，也是抖音电商的口碑产品。比如商家自播已经成为基本盘，达人直播带货已经成为放大器，营销活动打爆已经成为爆发场。

举个例子，仅抖音上就有110位市长、县长参与过带货，把各地农特产推广到全国大市场。截至2020年7月，抖音上的县长直播活动总销售额达1.23亿元，其中有6819万元销售额来自国家级贫困县。

口碑就是尖叫级价值锚的直接体现。

如何研发、打造尖叫级的价值锚呢？有三个强大的方法。

价值锚1：可识别

怎么才能做到可识别呢？有三大核心路径。

1. 可识别的视觉包装

产品要想做到与众不同、难抄袭，其中一个非常重要的核心关键是什么？叫可识别。什么叫可识别？就是产品的差异化一定要被用户看见。

对大爆品来讲，视觉包装的可识别是产品差异化的关键路径。

怎么实现可识别的视觉包装呢？

第一是颜色。颜色非常关键。举例，洽洽推出了一个每日坚果，就叫小黄袋，靠黄色来做强识别。

第二是材质工艺。就是我用什么样的材质工艺来做设计和包装，包装的创新甚至已经变成用户判断产品好坏的一个关键指标。

第三是一定要放大核心差异化。什么叫放大核心差异化？就是在产品最核心的差异化上打深打透，而不是浅尝辄止。例如，我的产品是草本配方，那我就要在可识别上放大草本的概念，而不只是简单地美化。

例如，毛巾这个品类在视觉包装上最大的可识别是什么？有人说是手感，其实不对。有一款毛巾，叫最生活，靠包装开创了行业的先河，就是密封毛巾。最生活由此开创了一个品类叫密封毛巾，因为密封更安全、更卫生。

这个密封的包装设计，现在看起来很简单，但当时为了推出这个包装真的是费了九牛二虎之力。这也是用户的一个强痛点，过去的毛巾没有包装，毛巾天天暴露在外面，散落着各种粉尘、螨虫，买回去要擦脸，对很多用户而言，简直是个灾难般的体验。

2.可识别的产品性能

可识别的产品性能是什么呢？就是你产品的最大差异化、核心性能一定要可识别，能够被用户看到。

举个例子，美女演员都做到了可识别，比如迪丽热巴是演员，她最明显的特征是什么呢？眉毛特别浓，因为她是新疆姑娘。再比如杨颖（Angelababy），最可识别的特征是什么？眼睛特别大，脸特别小。如果一个女演员没有明显特征，特别难识别，她就很难火，这种例子很多。

如何打造可识别的产品性能？

第一是核心产地。核心产地对于用户来讲是值钱的，是个可识别的价值点。你看葡萄酒，法国是核心产区，就明显比澳洲的、美洲的要贵。因为核心产地对很多用户来讲，有差异化的识别特征。

再比如日本产的和牛，就明显要贵很多。我是一个和牛爱好者，中国的青岛有特别好的和牛，但价格就是卖不过日本和牛。我吃过青岛的和牛，挺好吃的。但是可识别的产品性能就是比不过日本和牛，价格上能差好几倍。

第二是采用行业排名第一（或者唯一）的配件。产品如果用了一个行业第一的东西，一定是最容易差异化的，而且用户很能被打动。现在制造业的全球化流通，使得全球供应链都能协同，在全球范围内深挖供应链也是研发价值锚的必修课。

第三是全球顶级进口。有一个测试，在全球所有国家里，从哪个国家进口是中国人觉得最可感知的、最值钱的？是日本进口、德国进口，还是美国进口？

数据显示，是德国进口。中国人觉得价值感最强的是德国制造。在中国有两个行业特别喜欢打德国制造，一个是锅具，几乎所有的都要打德国制造、德国工艺，或者用德国钢材，有的甚至会起一个德国的名字；还有一个是锁具，大量的锁具品牌，要么起个德国的名字，要不就叫德国制造、德国工艺。为什么呢？因为德国进口有可感知的价值感。

3. 可识别的产品详情页

在工业时代，用户跟产品的第一链接界面是广告。

在互联网时代，用户跟产品的第一链接界面是详情页。

我称之为详情页为王，详情页就是产品的详情表达，一般分为线上电商详情页、线下海报详情页和视频详情页。

例如最生活毛巾，这款产品的详情页花钱请了国内最顶尖的团队来打造。它的详情页里面有一个数据，讲到了一个阿瓦提长绒棉优于其他品种的关键细节——这个地方年日照三千小时，而其他地方都是两千多小时，棉纤维长度大于等于38毫米，这就是可识别的线上详情页。

此外，我最近几乎不在传统电商上买水果了，大部分在抖音上买。为什么？因为抖音视频里的产品展示特别直接，比如一个果农拿刀一挥，水果的果汁就肆意横流，看着特别诱人，这就叫可识别的视频详情页。

【案例】极米：靠"慢"干到第一的极致差异化武器

一个工程师带团队租了一个农村三层小院开始创业，几年时间干到品类第一。

这就是极米创始人钟波。钟波说："极米的核心武器是差异化，而极米差异化的核心武器是'慢'。"

极米有多慢？

比如极米2018年推出了一款投影仪产品叫Z6，要知道这个市场已经被明基、爱普生这样的国外品牌称霸了15年。

但2018年极米Z6一经推出就变成了中国投影仪市场的第一。2019年和2020年仍然是第一。

请注意,这个事件当中,极米有两个慢,一个慢是在行业晚了15年,另一个慢是做产品的慢,Z6这款产品足足打磨了五六年才上市。

但极米在踢馆这件事上是最快的,一经推出,瞬间秒杀所有品牌。

所以极米在以慢打快这件事上非常成熟,非常有经验,也非常狠,非常变态。

变态到什么程度?

除了投影仪Z6,极米的H3至今都是全球卖得最多的1080p产品,它也是2019年"双11"全渠道的第一。即使在新冠肺炎疫情期间,它也稳居京东家用投影的人气TOP1(排名第一)。

极米已经是无屏电视品类的第一。除此之外,极米更是斩获了世界四大工艺设计奖的大满贯,其中包括红点、IF、CES等31项国际大奖。

总结一下极米的"慢战略",如何打造极致差异化的爆品。

1. 极致的品类差异化

与其他企业不同,极米在初创阶段考虑的不是传统电视,而是要做未来的电视。

请注意，传统电视和未来电视是两个品类，两个赛道。这是极米的第一个差异化武器：品类的差异化。

怎么做才能做出品类的差异化呢？

当时极米将投影技术、固态光源技术，还有智能化的互联网技术融为一体。在2011年、2012年的时候，极米就做了这样一个事情，去做一个全新的品类：无屏电视。

它用技术的融合，解决了传统的投影机笨重、噪声大、使用不方便的问题；解决了电视辐射大、体积大，而且使用场景比较固定的问题；也解决了电视机的长期观看伤眼的问题；更解决了传统的投影机经常换灯泡、耗损大、不适合家用的问题。

大家可以躺在床上看，把屋顶变成大屏幕，也可以把自己的一面墙变成屏幕，它是一个全新的品类。

2. 极致的产品差异化

极米是如何做产品的差异化的？

这里举一个例子，极米在产品研发过程中花了特别多的时间，甚至光产品定义就花了整整一年。

这就使得产品推出的时间更晚，对极米是个巨大的消耗。这也是极米内部最有争议的地方，就是说有没有必要去打磨这个产品？

但是事实证明所有的付出都是必要的，慢的本质是一种产品态度，一种工匠精神。

它会给用户带来极致化的产品体验，继而带来极致化的市场爆发。

比如说极米在挑战全球最薄的高清微型投影仪的时候，设计了一款叫极米Z4Air的产品。

它是全金属机身，当时已经设计好并且开模了，结果拿到手里体验时才发现，可以通过一些办法让机身再减薄几毫米。

为了实现这一目标，极米又重新设计散热系统，重新打样风扇、散热器，重新开模做外壳，投入了非常多的人力和财力，并采用了行业最高级的材料去做。

就这样，Z4Air这款产品的上市时间推迟了3个多月。但上市之后便成了全球最薄最高清的智能投影仪，至今还是如此。

这种极致的产品差异化是极米成功的核心关键。

3. 慢，才能深度洞察需求

事实证明，极米的慢不仅可以带来极致的产品体验和超快速的市场爆发，还可以让极米人深度洞察用户的需求。

比如说为了更好地提升用户使用投影仪的体验，极米花了很多时间和资源去研究如何用LED光源替代钨丝灯泡，解决大家换灯泡不便的问题；如何用更好的画质芯片，让电影画面的颜色更加鲜艳，更加舒服；如何解决固态光源的散热问题；如何用更好的声音——哈曼卡顿的声音单元，使得声音和画面一样完美。

其实这些都是对用户的需求和场景的洞察。

到企业发展后期的时候，极米仍然秉承着慢的态度。

因为只有慢才能进一步地去思考用户到底需要什么，只有知道用户需要什么，才能做出成功的大爆品，才能用极致的差异化思维建造企业战无不胜的护城河。

价值锚2：可感知

如何打造可感知的价值锚？有两大核心路径。

1. 可感知的性能

什么叫可感知的性能？就是产品的核心性能，一定要让用户可以感知，甚至能够摸得到。它有几个关键词。

第一，要有一个超强性能。什么叫超强性能？就是核心性能远远领先对手。

第二，一定要做到可感知。就是你的性能必须让用户能够感知得到。

第三，产品要有护城河。什么叫护城河？就是这个可感知的性能对手抄起来比较难，或者说比较慢。

例如小米彩虹5号电池，其实用户是没法感知电力是否持久的。小米在性能上花了很大的成本，做了两个非常重要的可感知，是什么？

一个是电池的颜色，颜值很高。另一个是收纳盒。过去南孚电池一拆之后，没法区分出哪个用过哪个没用过。彩虹电池用收纳盒解决了这个问题，而且做得非常漂亮，让你舍不得扔。

2. 可感知的颜值

什么叫可感知的颜值？就是产品的颜值，一定要让用户可以感知，甚至能够摸得到。

举个例子，苹果电脑最可感知的颜值是什么？铝合金，而且是一体成型的铝合金。

打造可感知的颜值，有几个关键落地工具。

第一是知名的设计师、知名IP。 比如，宜家跟时尚设计品牌Off-White主理人维吉尔·阿布洛（Virgil Abloh）的联名系列，优衣库跟潮流艺术家考斯（Kaws）联名的T恤系列，都是大爆品的典型。

第二是高颜值的工艺材质。 比如，陶瓷、小牛皮、汽车级喷漆等都是大爆品常用的一些方式。

第三是奢侈品的跨界联名。 像华为跟保时捷的联名，打造出手机行业的高端爆品。

"可感知"是做大爆品的必由之路，最困难的地方在于，要找到顶级供应链和用户体验的最优解。

再看看另一个爆品例子，有一款硬件产品，上市3个月销售量破100万，5个月后实现第二个100万，6个月后实现第三个100万，7个月后实现第四个100万，8个月后共卖出600万只。

这就是小米手环。

小米手环的创始人叫黄汪，一直做智能硬件产品。曾经做过一个叫Z Watch的智能手表，硬件体验很好，但是没有成为爆品。

2013年11月，一次偶然机会，黄汪送了小米高管一个Z Watch智能手表让他体验，第二天他回北京后让雷军试戴，隔天雷军就叫助理打电话约黄汪见面，半个月内便敲定合作，成立华米公司。

雷军不断向黄汪灌输all in（全力押注）思想，即整个团队全力干一件事。整个2014年，华米上百人尽全力把小米手环做到极致，另外两个产品——平板电脑和"智器"品牌，最终不得不放弃。

小米手环成为大爆品的背后，是黄汪的三个选择。

选择一：把省电做到极致，30天不充电。

普通手环没有把省电当作核心痛点，使用一星期电量就耗光了，雷军在发布会上说小米手环能坚持一个月不充电，其实黄汪是按待机100天的标准来设计产品的。为了省电，内部五个团队设计了五种不同的芯片，相当于看五个孩子同时成长。一个月后干掉两种方案，两个月后又干掉一种方案，只剩下两个方案继续运行，最后选择了其中之一。

如果只用来计步，小米手环可以用3个月至100天，免去用户频繁充电的烦恼。省电同时带来一个意想不到的好处：增强用户黏性。用户使用普通手环一星期后必须充电，第一次充电后记得戴，再次充电后可能忘记戴，等想起来再戴，反反复复容易造成用户流失。

选择二：定位人体ID，干掉屏幕。

干掉屏幕是个取舍问题，屏幕不仅耗电，而且仅能满足用户看时间的需求，价值感不大，如今我们把手环定位为人体ID，其未来发展方向是成为人体芯片，而芯片本身没有屏幕，根据这一理念毅然决然干掉屏幕。

手环是手机认证工具，与苹果指纹解锁功能相似。既然手环可以作为手机认证工具，那也可以成为其他产品的认证工具，相当于人体ID，即个人身份证。

选择三：死磕铝合金表层和腕带。

黄汪花了大量精力在铝合金表层和亲肤腕带上。将铝合金表层整体设计用到所有能用上的工序，三个指示灯由三种不同颜色的光组合而成，每个灯有256种颜色可供选择，混光难度极高。当时华米内部争论非常激烈，后来思考随便挖3个洞透光容易使产品丧失品质感，所以最终做成激光穿孔，这一复杂工艺使成本提升了15%，但实现了光透出来、水进不去的显示效果，体验水准超过Misfit和苹果，达到业内最高水平。

小米手环腕带采用美国康宁TPSiV（热塑性硅硫化橡胶）材质，成本极高，这种材质原本用于制作奶粉勺子，无毒无害、手感润滑，能有效降低皮肤过敏的概率。这也是吸取了国外同行的一些教训，Fitbit曾因引发人体皮肤过敏而被迫召回。

小米手环的价格是79元，要知道，当时大多智能手环的价格是699元左右，Misfit则是899元。关键技术指标能够PK国际大牌，但是价格只是大牌的1/10。这是小米手环能成为爆品的关键秘密。

腾讯是把软件爆品做到极致的公司，小米是把硬件爆品做到极致的公司。

价值锚3：可跑分

可感知的极致＝跑分。

这是最难的，叫跑分级产品。

什么叫跑分？按百度百科的解释，跑分就是通过相关的跑分软件对电脑或者手机进行测试以评价其性能，跑分越高性能越好。再直接点，就是我的产品太强悍了，我就不讲它有多好，我用技术参数来告诉你。

我们这里讲的跑分,则是一种爆品打法,就是通过产品的性能指标来突出产品的价值锚。

小米早期甚至被称为"只为跑分而生",的确是,小米早期一穷二白,如何快速引爆市场,只好打一个点:小米手机就是快。如何突出快?只有靠跑分。

跑分最直接的呈现,就是拿自己的产品性能跟对手做个直接的对比。

小米电视2S推出时,推出了一个超预期的硬体验——9.9毫米的超薄电视。小米电视2S跟夏普、索尼做了一个跑分,秒杀对手。

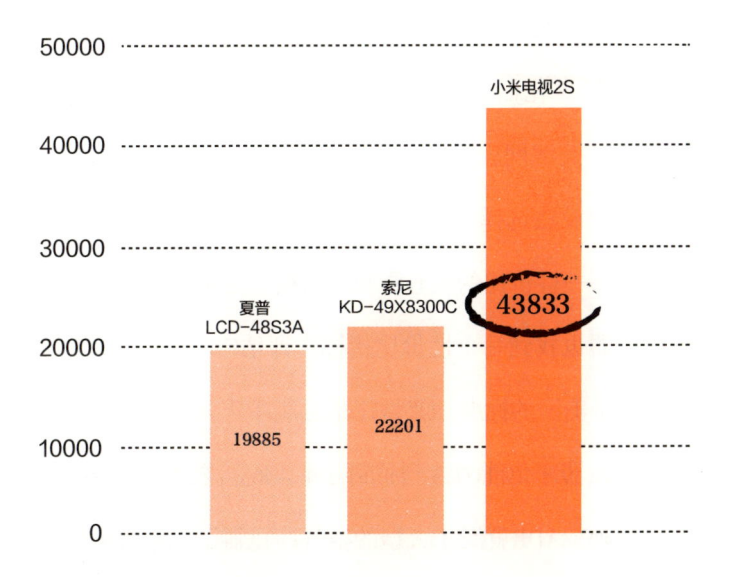

▲ 安兔兔软件跑分测试:夏普、索尼和小米电视2S

2015年，小米推出空气净化器，价格是899元，比此前众人预测的999元又低了100元。

空气净化器领域，强手如林，特别是国外大牌很多，有IQAir、Blueair、飞利浦等，小米如何用爆品模式PK传统空气净化器？

性价比仍是绝杀。有业内人士跟我说，小米这款899元的产品，第一批的生产成本应该在1000元以上，非土豪者难以学习。

但是，性价比背后，是小米的跑分战术。

跑分前，先找到一针捅破天的痛点。此前，三个爸爸做空气净化器时，找的痛点是"空气净化器效果不可知"，后来豹米做空气净化器打的是"3M顶级HEPA滤网"，我已经感觉很痛了。但是小米空气净化器，仍然找到了很痛的痛点：第一个，电风扇；第二个，过滤网；第三个是选择困难，空气净化器新概念噱头很多，用户没法选择。

跑个分——性价比的核心不只是价格，更重要的是性能。小米做空气净化器也找到一个性价比指标，评估CADR（洁净空气输出比率），这是美国的标准，就是每小时能净化多少立方米的空气。小米空气净化器净化能力达到了每小时406立方米。按照标准，净化能力达到400CADR就属于大型的空气净化器了，它的净化面积在28到48平方米。小米还做了一个性价比的对比图，不找中端价位的净化器，直接跟6000多元的高端净化器，比如Blueair，以及4999元的飞利浦等做对比。

品牌/型号	CADR值	适用面积	重量	占地面积	滤芯网价格	市场价格
Blueair 410B	408 m³/h	28.6~48.9 m²	15.5 kg	0.14 m²	598元	6061元
松下 F-655FCV-K	310 m³/h	21.7~37.2 m²	12.5 kg	0.14 m²	449元	5999元
飞利浦 ACPO77/00	302 m³/h	21.1~36.2 m²	11 kg	0.068 m²	428元	4999元
夏普 KC-W380SW-W	375 m³/h	26.3~45 m²	10.3 kg	0.11 m²	642元	4499元
Blueair 303	263.5 m³/h	18.4~31.6 m²	11.9 kg	0.11 m²	398元	4047元
小米	406 m³/h	28.4~48.7 m²	8 kg	0.068 m²	149元	899元

▲ 小米空气净化器与高端品牌净化器对比

除了性能还有颜值。雷军说，光模具他们就花了1000万元以上。小米联合创始人王川有一次说了一个词：优雅地解决，就是在实用和好看上一定是可以有个平衡点的。

小米空气净化器也一下子打爆市场，因为价值锚太清晰、太强大了。

坦白来讲，跑分级价值锚是爆品最高级的打法，也是最难的打法。这是爆品战略总裁营线下课的一个重点，也是爆品咨询一个突破重点。因为它的杀伤力太强大了，需要我们扎进去，越扎越深，"在一厘米宽的地方，做到一公里深"。

举个例子，电池都可以跑分，怎么跑？七年长效锁住电量，全钢外壳局部加厚。你看，一个9.9元的产品，不仅可感知，而且可以做到可跑分。

请记住，大爆品是可以复制的，先做出一个大爆品，再做出一群大爆品。

但是，要打造大爆品，先要拷问我们的产品，拷问我们的团队：不要在非核心点上用力过猛，而要在核心点上挖地三尺。

大家可以对自己的公司、产品做个价值锚扫描：我公司的旗舰产品，是否有可识别、可感知、可跑分的价值锚？

【案例】红豆居家：如何靠大爆品生死转型

2016年，无锡市锡山区红豆工业城。

周文江看着堆积如山的库存，面色憔悴不堪。这一年体重一百四十多斤的他一下子瘦到了不到一百一十斤。

这是自他创建红豆居家以来，面临的唯一一次重大危机。

严重到什么程度？直接关乎企业的生死。这一年，周文江活得很苦。

苦到什么程度？白天开会，晚上吃完饭陪客人喝酒，看花型看到晚上两三点钟，后来腰也站不直了，得了一个病：强直性脊柱炎。

2017年周文江带着焦虑来爆品战略训练营上课的时候，他对我说，红豆居家自创立以来，至少吃了两波红利：一个是工厂红利，一个是渠道红利。也正是这两次红利让红豆居家一跃成为行业霸主。

红利一：2008年之前，红豆居家整个企业的产能由工厂思维驱动。这个时代企业抓的是产供销。因为供不应求，所以企业大量的精力放在如何提升企业的效率、生产和采购上。也正是这个工厂思维战略的严格执行，让红豆居家成功切入市场，并取得了骄人的业绩！但是今天还在执行工厂思维的企业都被淘汰了，如今是供大于求的时代。

举个例子，这次疫情期间的口罩生意，就是可遇不可求的，你会发现采购熔喷布比买口罩都难，所以那个时候产值就等于销售收入。但如今，你还能遇到几次口罩生意？

红利二：2008年以后，红豆居家开始转变思维，开启专卖店模式，在市场上疯狂铺建零售渠道。这个阶段红豆居家的打法简

第六章　尖叫产品战

单粗暴：到处做峰会，开招商会。

渠道思维让红豆居家短暂告别了工厂思维带来的痛苦，甚至让红豆居家的事业更上一层楼。但新的痛苦又很快出现，渠道思维让红豆居家面对的是渠道商，而不是用户！

转型迫在眉睫！

请注意，这将是红豆居家第三次转型成功的关键所在！红豆居家面对的是渠道商，而不是用户，这会导致什么问题？红豆居家的产品要么供不应求，要么大量堆积在库房！

为什么会这样？红豆居家从未近距离接触过他们的用户，所以企业生产什么产品，可以说完全是由企业"想象"出来的！那么问题也就很容易暴露出来：用户遇到喜欢的产品就会疯狂购买，遇到不喜欢的产品就一概不问。

最终导致的结果是什么？一方面是企业产能过剩，产品大量积压在库房；一方面是用户真正有需求的产品，供不应求。这是渠道思维致命的弱点：用户与产品的供求极不匹配！

这就是红豆居家的命门所在，那么周文江回到无锡做了哪些改变呢？

2017年，周文江带着痛苦来上课的时候，红豆居家营业额20亿元左右。2018年红豆居家逆势增长65%，营业额33亿元。其中发热内衣一件单品就带来了十几亿元的销售额。

在2020年的"双11"期间，红豆居家红豆绒柔软型内衣累计销量高达192.7941万件，平均每分钟卖出1339件，全渠道销售额累计超过3.2亿元，全行业第一！

周文江在爆品战略课堂上复盘红豆居家的转型时说道，红豆居家经历了工厂思维和渠道思维。但最重要的一个思维，是第三个思维：爆品思维。说起来简单，做起来很难！

而红豆居家又是怎样将它落地的呢？

1. 聚焦痛点品类：开创发热内衣新品类。

红豆居家从渠道思维转变成用户思维的第一件事就是干大爆品。大爆品也是检验是否转型的关键，因为大爆品的实质在于效率的新革命，为什么东西很好，价格便宜，还能赚钱，就这么牛，你为什么能做出让消费者尖叫的产品，它是一种创新的方法论。

"传统的保暖内衣比较臃肿，穿上闷热不透气。所以我们根据这样的用户痛点，研发了红豆绒发热系列内衣。在保证温暖的同时，更加透气舒适。"红豆居家首席产品经理朱倩，在红豆绒发热系列内衣发布会上如此说道。

请注意，发热内衣是一个新品类。从营销角度来看，发热内衣传递给用户的价值区别于保暖内衣。我们可以感知一下其中的奥妙：传统内衣的首要功能是"保暖"，而红豆居家内衣的首要功能是"发热"。

它在向市场、向用户传达一个致命的隐性需求：我们的内衣会发热！这意味着什么，意味着一个全新的品类被打开了，而红豆居家是第一波吃螃蟹的企业，注定要吃这一波品类红利！

2. 聚焦痛点产品：更柔软、更温暖、更透气、更舒弹。

2020年10月31日，红豆居家在南京苏宁易购总部召开红豆绒柔软型内衣发布会，对标传统保暖内衣厚重、闷热、不透气、坚硬等多重问题，以红豆绒柔软型内衣发热系列为主题，为用户带来舒适的试穿体验。

通过与传统保暖内衣的对比实验演示，从温暖性、透气性、柔软性、舒弹性四大层面让所有人见证了红豆居家的"服装黑科技"。

3. 聚焦痛点大爆品：果断砍SKU。

品牌的背后是品类，品类的背后是爆品。

周文江说，注重用户的时代，企业只有一条路可走，那就是做爆品。只有做爆品才能生存，只有做大爆品，我们才可以干爆整个品类。

而红豆居家的红豆绒柔软型内衣和婴儿绵柔软型文胸，都是大爆品。相反，那些产品力很差的SKU，都被周文江果断地砍掉了！

在大爆品时代，砍掉产品表现力差的SKU，就是在聚焦企业的资源与精力，就是在提升大爆品的竞争力，所以红豆居家表面是在砍SKU，本质上增加了产品竞争力！

周文江在日常经营中是个数据控。红豆居家有一个ERP（企业资源规划系统），而周文江有个雷打不动的习惯，就是每天看无数遍营业额。

这些大大小小的营业额反映的是什么？是用户的消费意向与消费习惯！而一旦掌握了用户的消费意向与消费习惯，就可以解决产品供与需的难题。

举个例子，红豆居家在真正的销售当中，30%的SKU创造了70%的营业额，最可怕的是什么？如果你指定销售这30%的SKU，就很容易出现断码，这就出现了一个企业非常重要的隐性损失。

库存是显性损失，消费者因为断码买不到需要的东西是一个隐性的损失。而那些没有得到用户青睐的产品反而成了过剩的产能，堆积在仓库里，则是一个更大的损失！

所以重视数据，就是在重视用户，重视用户就是在注重产品。它可以帮我们精准地锁定哪些是高产能的SKU，哪些是低产能的SKU。取舍砍留一目了然！而这正是用户思维的精髓所在！

第六章　尖叫产品战　169

有一次,周文江邀请我走进红豆居家做一场特别的内训,为红豆居家100多位供应链公司的创始人讲爆品战略。

周文江说:"只有学会爆品战略的供应商才是合格的供应商。"

周文江说:"用户思维说起来简单,却是传统企业最大的障碍。中国99%的产品如果用爆品战略的方法重新做一遍,将实现十倍、几十倍的增长。"

尖叫产品战的落地指南

◎ 产品是1，营销是0。

这是爆品战略的核心价值观。用"一厘米宽，一公里深"的指导方针，定义出产品的价值锚，这就是产品尖叫战的核心打法。

◎ 大爆品最大的敌人是什么？

营销话术。凡是不能被用户直接感知的体验都不叫体验，都叫话术。

◎ PK对象是定义大爆品的关键路径：

第一，打造大爆品一定要选准PK对象。

第二，做大爆品要直击PK对象的软肋。

◎ 怎么打造流量产品？

三大路径：

1. 定流量巨大品类。

2. 定用户转化率。

3. 定价值锚。

◎ 什么叫旗舰产品？

旗舰产品就是决定公司生死，决定公司利润，决定公司品牌的产品。

旗舰产品定义会的关键节点：

路径一：一级痛点定义会。

路径二：PK对象定义会。

路径三：价值锚定义会。

◎ 如何研发、打造尖叫级的价值锚呢？

有三大方法：

价值锚1：可识别。

价值锚2：可感知。

价值锚3：可跑分。

◎ 产品尖叫值自我扫描：

可以对自己的公司、产品做个价值锚扫描：我公司的旗舰产品，是否有可识别、可感知、可跑分的价值锚？

第七章
爆点营销战：粉丝即流量

粉丝＝10倍级引爆的核武器

如何10倍级引爆产品？

过去是渠道即流量，现在是粉丝即流量。

粉丝，正成为驱动一切流量的核心。

粉丝，也是互联网10倍级引爆产品的核武器。

一个产品要想成为爆品，找到用户一级痛点是油门，找到产品价值锚是发动机，粉丝的参与感是放大器。

2011年7月，小米手机1推出时，找到的用户一级痛点，就是智能手机都是伪智能，性能不够高。小米手机1就找到一个产品价值锚：中国首款双核1.5GB智能手机，售价1999元。

2011年8月，小米举办了一场爆点营销活动：我是手机控。当时的小米一穷二白，没人知道，如何引爆粉丝口碑呢？

小米想出的一个办法是让用户晒自己用过的手机。由于当时微博上的传播还是以纯文字、图片为主，如果只是让大家来晒手机，参加的成本就太高了。于是小米开发了一个"我是手机控"

的页面生成工具，一键就可以生成一个专属自己的手机编年史，再点击"分享"就可以发到微博上。

这个活动当天晚上一上线，转发就突破了10万次。据统计，"我是手机控"话题在新浪微博上有超过1700万条讨论，而小米没有花一分钱的广告费。

这就是粉丝的力量。

最近30年，营销传播有三个大时代。

早期是大众传播时代，就是通过电视这种大众传播方式打广告。典型代表是"晋江模式"的崛起，"央视广告+线下门店"是这一波品牌营销的最大代表。

中期是分众传播时代。一种是分众传媒这种媒介的崛起，专注于写字楼白领这一细分群体。最大的分众是搜索，百度这种基于搜索的竞价排名广告，引发的是一个品牌革命。典型代表就是莆田系医院的隐秘崛起。

现在是精准传播时代，随着互联网技术的深化，基于大数据的精准营销成为可能。比如DSP（Digital Signal Processing，数字信号处理）技术，它能实现精准的点对点投放。

其实，更精准的传播对象是社群，就是同一需求用户群的结合，这也是移动互联网带来的革命。

粉丝即流量的背后是流量红利的消失，也倒逼我们对营销方式做出调整和升级。

这种营销进化，要求所有的企业从过去的渠道战模式升级到流量战模式，渠道战模式基本上是广告加营销加渠道，流量战模式就是私域流量战和公域流量战。

什么叫公域流量？

公域流量就是主动权在平台和渠道，流量成本相对较高，间接到达用户。天猫、京东、淘宝、拼多多等，都属于公域流量，这也要求我们的营销人员能够精通公域流量战的打法。

什么叫私域流量？

私域流量就是主动权在生产者手里，流量成本相对较低，直接到达用户。私域流量现在越来越关键，一般我们又将它分为几大模块。

第一个模块是微信流量，比如说公众号、微信群、个人微信号。

第二个模块就是自媒体流量，比如今日头条流量、抖音流量、微博流量、快手流量等。

第三个模块是官方直接的流量，比如企业App、企业商场、小程序等。

事实上私域流量现在越来越重要，它甚至是驱动传统流量和公域流量的核心关键。

如何引爆粉丝的流量？爆点营销战有三个最强的行动工具：粉丝引爆、发布会引爆、事件引爆。

甚至有一个爆点营销小公式：

爆点营销＝5000个抖音视频／微信公众号文章／小红书种草文章＋发布会电商带货＋PK营销事件

粉丝营销引爆

粉丝营销如何10倍级引爆？

先讲一个真实的痛苦，100万粉丝的痛苦。有个爆品学员是做连锁超市的，每天的客流量很多，他想了一招——拉粉丝，只要关注微信公众号，可以免费送个购物袋，很快就有了100万粉丝。

但是粉丝量破百万之后，他很痛苦，为什么呢？因为粉丝活跃度非常低，他说怎么回事？我有100万粉丝，却一点都不活跃，为什么？

粉丝引爆有三个核心路径。

1. 参与感是营销第一生产力

小米联合创始人黎万强总结了一个小米参与感的"三三法

则"——三个战略：做爆品、做粉丝、做自媒体；三个战术：开放参与节点、设计互动方式、扩散口碑事件。

庞大的互联网信息体系，大部分是由用户参与制造的。谷歌广告策略规划团队的主管发现，网民拍了3800亿张照片，占据了自相机发明以来拍摄照片总数的10%。其中，无节操图片、卖萌照一直威力很大。

在互联网上，用户的参与感是一种能量交换。精神分析学家唐纳德·威尼康特（Donald Winnicott）认为，人类的第一个情感动作就是婴儿面对妈妈的微笑，回以自己的一个微笑。威尼康特称之为"社交性微笑"。在互联网上，当我们分享视频或图片时，不仅在共享这个事物，同时还在分享这个事物引起的情感反应。

谷歌认为，这种能量交换每天都会发生数亿次，比如发帖、评论、点赞、转载和"+1"，在新视觉文化中，彼此可以互赠小礼物或共享快乐瞬间。

在互联网上，用户的参与感也是一种创造力游戏。

2. 种草营销

种草就是通过对某一产品尖叫点的推荐，让用户心里痒痒，老是想得到。

从广告轰炸到用户种草，这是一个巨大的转变。

种草营销是把粉丝引爆进行了圈层化的设计，从高、中、低维度全面覆盖。

高维：明星推荐，大V推荐等。

中维：达人推荐，达人晒单等。

低维：用户晒单，用户体验等。

3. 粉丝参与感需要刺激

第一是正面情绪。我们要学会制造正面情绪。

第二是负面情绪。什么叫负面情绪？就是太讨厌了、太可恨了、气死了。比如2020年疫情期间有个澳大利亚的女生不顾阻拦出门跑步，在抖音上异常火爆，全中国，甚至全球的人都知道了她，为什么呢？就是激发了大家的负面情绪。

第三是场景情绪。抖音上种草最常用的方式，一看它给你展示的具体场景，你就想要一个。

情绪太重要了，它是第一生产力。但是情绪也有一个最大的坑，叫"伟光正"，就是伟大、光荣、正确。

我看到很多公司的抖音最后都拍成了宣传片，什么叫宣传片，就是伟大、光荣、正确。当然它们的结局都一个样，打不爆。

所以这里给大家一个提醒，"伟光正"是我们打情绪战的最大敌人。

参与感刺激的一个关键策略是强反差。什么叫强反差？

就是我们要通过内容来制造强的反差。黑跟白就是一个强反差，红跟绿是个强反差，弱小跟强大是一个强反差。

怎么做到强反差呢？有以下三大关键点。

1. 强反差的文字。比如我们曾经有一篇讲一个创始人的文章，标题叫《从穷到没内裤穿到值2.5亿，烧了5000万才发现O2O的最大死穴》，几十万的点击量，因为非常有反差。

我们还有一篇文章叫《72岁任正非，机场排队照爆红，什么是狼性的本质？》，这也是一个很强的反差，你想，任正非，华为公司的老大，竟然在虹桥机场排队等出租车，太大的反差。

2. 强反差的图片。就是用图片来制造强的反差。我们看到很多人做这种反差，比如说美颜照，之前跟之后的反差；比如说婚纱摄影，经常会把拍之前的照片跟拍之后的照片做一个反差对比，非常吸引人。

3. 强反差的视频。这是目前一个非常强大的流派，有各种各样强反差的玩法。比如一瓶水，怎么样把它拍出大片的感觉？我看到一个非常有意思的创意，就是在地上倒一瓶水，能拍出特别有感觉的视频。

没怎么花钱，怎么制造上亿次的传播？"史上最时尚爷爷"就是一个最佳案例。一个1985年出生的时尚摄影师叫丁国良，他在福建厦门开了一家工作室。他的爷爷85岁，叫丁炳才，一直在农村生活,身上穿着又土又难看的大棉袄,脚上穿着沾满了泥巴的解放鞋。

但是他的孙子丁国良给他换上了西装,拍了一组时尚照片之后,把时尚照跟他爷爷在农村的照片做了一个对比,放到自己的朋友圈里,竟然很快收获了400多个赞,而且好多人都转发了这组照片。

他的爷爷竟然成了中国最时尚老爷爷,迅速蹿红网络,被各个大号转发。我估计阅读量有上亿次,甚至有几亿次。为什么呢?

为什么他拍他的爷爷比拍一个美女的营销效果都强大呢?这就是我们讲的强反差策略。

举个我自己的例子,就是我们的抖音号"金错刀"。我们从几千播放量到1300万播放量花了差不多两个月的时间,"金错刀"是个商业号,我们讲的东西都是给创始人、创业者、商业人群听的,我所有的东西都不是给大众听的。

即便我们的抖音做到了单条1300万观看量,但我依然担心,我担心随着年轻人的崛起,5年之后,文字会消亡,图片都有可能会被干掉。我们做抖音经历过两个阶段。

第一阶段叫定内容。我们第一批抖音视频播放量也就几万,点赞量可能就几百。换句话说,我们花了不少精力、时间,但结果挺失败的。

后来进入第二阶段，我们开始不断升级，做情绪营销，抓网感。很快就做到了480万的播放量，其中一个视频的标题叫"中国最恐怖的工厂养了60亿只蟑螂"。

后来甚至打造了1300万播放量的抖音视频，我们中间为了增加情绪还专门做了一个撕纸的设计，就是把关键点打印出来，当众撕一下。

有段时间我在美国，拍视频时没有设计撕纸动作，我们好多用户给我的评论是"金老师，为什么不撕纸了"，在我的抖音里，好多人经常点评我的撕纸动作，"金老师，这次撕得不齐"，有的人说"金老师，你要不要一个撕纸助理"。撕纸这个动作就很容易调动用户的情绪。

粉丝引爆威力巨大，一个个人IP能够吸引100万、1000万的粉丝，甚至能够产生10亿、100亿元的销售额，在10年前这几乎是不可能的。

一个重要的原因是：一个人拥有巨大的独特性，这种独特人格甚至能形成个人IP，调动广大用户爆炸性的情绪，产生非常大的流量。

讲一个案例：papi酱的爆点营销武器。

papi酱是从2016年火起来的，我们看一下papi酱的出身，草根，29岁，已婚，没有整容，也没有大尺度的照片，但是战绩非凡。

三个月的时间靠40多个短视频，迅速成为网红界的老二，冠军是王思聪。微信公众号的阅读量几乎篇篇都超过百万，到2018年的年底，她新浪微博的粉丝为2900多万，抖音的粉丝为2600多万。

papi酱擅长通过强反差引爆粉丝情绪。papi酱曾经与小米商城合作做过一个创意广告，主题就叫挑剔的妈妈。

每个人都有一个挑剔的妈妈，挑剔我的学习，挑剔我的穿着，长大后挑剔我的工作。但是papi酱最后送了一个小米商城感恩季的一百元的购物券，让妈妈无可挑剔，甚至出了一个金句，说小米都知道感恩，真是生你不如生叉烧，养你不如养小米。

后来雷军也转发了这条微博，短短24个小时，小米商城就被网友挤爆了，而且活动当天人气过旺，连服务器都崩溃了，1.5亿元的小米感恩节红包刷爆全网。当然，papi酱的内容营销也起到了重要的作用。

再举个例子：扫地机器人如何让粉丝引爆？小米生态链有一个非常爆，而且用户分享非常多的产品叫石头扫地机器人。

石头扫地机器人的创始人叫昌敬，他发现，扫地机器人是很没有存在感的东西，很难想象竟然经常有用户帮他转发，甚至推荐客户。

如何做到刺激用户裂变呢？这款扫地机器人有一个关键功能就是，可以统计自己家里的面积，方便用户在朋友圈晒！这大大刺激了用户的虚荣心与分享欲。

除了可以晒面积，在微博、微信、抖音上，我们还发现有很多扫地机器人跟猫或其他动物的各种各样的互动，有的猫甚至会坐在机器人上，被扫地机器人带着扫地。

除此之外，他们也经常搞活动，比如转发某条微博，抽取用户送出十台扫地机器人，对用户来讲就是随手一转；比如参与某个活动，就立马送200元的优惠券，也有好多人参与。

自己说十句话、一百句话，都不如用户说一句话，这家东西我也买了，我可以晒个单。

媒体为王
传统工业时代

粉丝为王
互联网时代

▲ 以前营销引爆的核心是媒体,现在营销引爆的核心是粉丝

发布会引爆

爆品级发布会是一个爆点营销核武器。

先讲一个传统老板的痛苦——200万元消失得悄无声息。有一个传统老板有次跟我吐槽,说自己花了200万元,开了一个发布会,请了个明星,请了一百多个记者,选了一个五星级酒店。

但是最后感觉开了跟没开一样,起到的效果甚至不如一个网红做一场大的直播来得声势浩大。

我说:"你知道吗?手机公司经常开发布会,分为大发布会跟小发布会,小发布会的预算可能就只有10万元,但是能做到几千万甚至上亿次的传播。"他听了更郁闷,问:"为什么?"

我说:"因为你不会开爆品级的发布会。"

开爆品级发布会就是把发布会开成百万粉丝、千万粉丝参与的小热点,产生网红级的效果,同时能够促进产品的销售和成交。

发布会很重要,甚至是爆品的第一营销出口。

苹果一年有几千亿美元的销售额,营销的重心是两场发布会:春季发布会,秋季发布会。

小米一年有几千亿元的销售额,营销的重心是三场发布会:春季发布会,夏季发布会,秋季发布会。

但是开好一个成功的爆品级的发布会并不容易,是不是人气旺就意味着发布会的成功呢?并不是。

举例,小米Max手机发布会的秘密。

雷军一直是个开发布会的高手,在金山时期,雷军怎么开好发布会呢?保证嘉宾准时到场,提前打四次电话,一个月前打一次,一周前打一次,一天前打一次,30分钟前打一次。会场100人,但是只放80张凳子。为什么呢?就是制造非常火爆的感觉。

但是创立小米之后,雷军抛弃了过去传统的打法,用爆品级发布会打爆产品。

关键点一:把PPT做好。 小米Max发布会的PPT做得极其精美,他强调手机的几大核心关键点——大屏、大电量、拍照效果好,所以产品卖点非常强,而且很早就开始用精美的海报做预热。

关键点二:制造话题刺激粉丝参与。 因为这是个大屏手机,要突出大屏、大电量,怎么突出呢?小米联手开心麻花,请沈腾等演员拍了一系列短视频,特别搞笑,结尾的时候放一行大字:大屏手机就是小米Max。而且还有其他各种预热,比如跟苹果PK,比如为了突出产品的大电量而用一个手机连续做了30天的直播,这个直播有一千多万人观看。

关键点三:放大和成交。 发布会后的一个月,持续制造话题热度,让用户参与和成交。

一系列动作之后，小米Max发布首日的预约量就达到了1000万台。非常火爆。

事件营销

爆点营销的最高境界就是把营销做成事件。

举个例子，2015年6月，神州专车在微博上发了一组广告"Beat U"，就差直接说Uber（优步）是黑专车了。

因为有明星的参与，这个营销活动迅速发酵，成为一个事件，引发了大量用户的广泛参与。

结果是，神州专车作为后来者，一夜之间追上了易到用车。看当时的百度指数，Uber是71426，滴滴打车是32911，神州专车是28474，易到用车是11085。

在营销大战中，那些成为事件的营销会覆盖没有成为事件的营销。

有一次，当当董事长李国庆跟我爆了一个料。2014年"双11"时，当当花了500万元做社会化营销，在微博上推了一个营销活动"敢作敢当当"，阅读量超过2.5亿，但是百度指数几乎没有提高，当当网的PV（页面浏览量）也没有大幅地提高。

当时，公司内部分为两派：一个是支持派，认为这是在打品牌；另一个是反对派，说不能带来成交的社会化营销无效。

其实，最核心的原因是，"双11"是天猫的一个事件营销，它把其他电商的营销活动覆盖了。

苹果是做事件营销的高手，每年的苹果新产品发布都能成为年度事件，为什么？因为苹果有一整套引爆口碑的打法。

美国著名科技博客9to5Mac深度爆料苹果公关团队的运作内幕，苹果式口碑有三个秘密武器。

第一，搞定发烧友。苹果的测试样机被视作科技产品与发布领域的圣杯，只有为数不多的几名经过精挑细选的人士才能够抢先试用，这些人对苹果整体都持积极态度。

第二，搞定媒体，免费上头条。苹果上头条的秘密武器有三个：一是让媒体竞争，在杂志占据主导的年代，乔布斯可以通过让《新闻周刊》和《时代周刊》争夺独家消息的方式，让苹果产品登上其中一本杂志的封面；二是制造神秘感，"他们的战略就是什么都不说，他们会让所有人竞猜苹果的动向，获得免费的宣传效果，避免陷入其他企业遭遇的困境"；三是开一个超级高级的发布会。

第三，制造流行文化。口碑营销团队只有几名员工，他们负责将苹果的产品整合为一套流行文化。

例如，该团队会与大型体育联盟合作将iPad变成教练工具，把iPad融入音乐活动中，并让活动的组织者为参与者部署整合苹果的应用。

如何像苹果、小米一样做事件营销？有三个行动方法。

1. 借势营销

借势就是借热点事件的势，有两种借法：一个是借自己的势，另一个是借别人的势。

比如，京东创始人刘强东跟奶茶妹妹的话题经常上头条。这些新闻刘强东是绝对不会放过的，随即京东就开了一个智能奶茶馆。这就是借自己的势。

但更多时候，借势是借别人的势，这也是互联网营销的必修课。杜蕾斯有句经典的借势营销："薄，迟早是要出事的。"

小米很擅长借势。小米推出红米手机时，就联合QQ空间做了10万台的首发式手机，竟然吸引了745万人参与，小米手机QQ空间的粉丝涨了1000万人。

2. 抢第一

什么叫抢第一？就是在营销上，抢先发优势，抢到第一，或者品类第一的位置。抢第一是比较难的，但抢到第一后，回报也是惊人的。

小米手机1就是抢到了全球首款双核1.5G手机的发布。而小米MIX则是抢到了全球首款全面屏手机的发布。

2012年，新浪微博准备试水商业化，小米跟微博举行了一次小米手机2线上专场销售活动，后来被称为社会化营销第一单。5万台手机，有130万用户参与抢购。小米新浪微博账号访问量达到1400多万次，2.3亿次曝光。所以大家看，抢首发的能量是极其惊人的。

"双11"也是很多品牌抢第一的路径。2013年，小米参加"双11"，四项第一。后来每次参加"双11"，都要拼一些第一。其实，"双11"已经成为很多品牌一个最大的事件营销PK场，就是看谁能成为第一。

3. PK营销

什么叫PK营销？就是新晋品牌要想快速打入市场，甚至变成营销事件，不仅要找到消费者的痛点，还要找到领先竞品的痛点，跟它PK一下。通过PK，让用户快速了解产品。

比如，微信就经常被人PK。阿里巴巴的钉钉有一次就在报纸头版头条与微信PK，甚至把广告打到深圳腾讯楼下的地铁站。

特别是新兴品牌，找一个行业领先对手PK一下，也是事件营销的必杀技。

PK营销的关键是要学会高级PK。

神州专车当年做PK营销，就没找行业老大滴滴，而是找了行业老二优步，就是因为能PK得动。

高级PK就是要找到领先竞品的痛点，形成PK效应。要么吸引竞争对手参与进来，要么让用户参与进来。

举个我自己的例子，《爆品战略》就找了一个PK对象：《定位》。

我们写了一篇文章《他们花大钱做了定位，却被一款爆品干掉》，关键是找到定位的一个最大软肋：定位认为，认知大于事实。

但是在互联网时代，体验大于一切。我们创作了一系列PK海报，主题是"定错了，爆一下"。让一些企业创始人转发，定位阵营的人也纷纷回应，甚至写了一篇文章《金错刀，喊你补上一堂定位课》。

最后的结果是，我们的图书《爆品战略》通过众筹的方式卖了200多万元，是当年图书众筹最高的金额。

再讲一个核心案例：九大公司PK曲面电视。2016年，小米新款电视发布，主打又薄又弯。怎么制造个营销事件呢，找老大PK一下。

小米电视发布宣传海报，内容为"信，听哥的，又弯又薄才够爽"。文案内容让人联想到行业大佬海信，同时指出新款小米曲面电视特点为又弯又薄。

小米选择对标海信针对性十足，海信方面也及时发布回应，主要内容为"米,信叔爽三年了,仅弯不够,无U不欢"。酷开也发布海报:"不要迷信弯和薄,不带O的都是耍流氓。"海信的海报中,"米"和"信"字分别用橘色和绿色显示。

长虹也参与,发海报说:"不迷弯,不信薄,表扯O,画质够硬,才能叫爽。长虹HDR。"把小米、海信、酷开都PK了一遍,乐视海报写道:"无米之炊,夸下海口,信口开河,一无所长。"乐视说,我们拒绝只谈内容。

当然,小米电视依靠产品和PK营销,一路PK下来,成了国内电视机第一。

爆点营销的落地指南

◎ 粉丝即流量

一个产品要想成为爆品，找到用户一级痛点是油门，找到产品价值锚是发动机，粉丝的参与感是放大器。

◎ 粉丝营销如何10倍级引爆？

1. 参与感是营销第一生产力。

2. 种草营销。

3. 粉丝参与感需要刺激。

◎ 发布会引爆

开爆品级发布会就是把发布会开成百万粉丝、千万粉丝参与的小热点，产生网红级的效果，同时能够促进产品的销售和成交。

◎ 案例：小米Max爆品级发布会

1. 把PPT做好。

2. 制造话题刺激粉丝参与。

3. 放大和成交。

◎ 事件营销

1. 借势营销。

2. 抢第一。

3. PK营销。

第八章
爆胎三大陷阱

不痛点：把二级痛点当一级痛点

什么叫爆胎？

爆品的反面就是爆胎，就是产品具备很多爆品的元素，甚至短期也爆过，但是最终却失败了。

做大爆品最可怕、最常见的陷阱就是：不痛点。把伪痛点当真痛点，把二级痛点当一级痛点。

举个例子，上门洗车就是一个爆胎案例。曾经有一段时间，巨量资本杀入上门洗车行业，大家想得都很乐观，洗车是刚需，上门洗车也是真痛点。

但是几年下来，上门洗车的公司基本都死了，因为上门洗车是个伪痛点生意，传统的洗车门店已经开了很多家，完全满足了用户的需求。

上门洗车其实增加了顾客的成本，所以上门洗车行业一直以来都以烧钱补贴为噱头，没有良性商业模式的它注定死亡！

伪痛点的背后，把二级痛点当一级痛点的背后，是很多企业为了创新而创新，严重忽略用户的核心需求。

举个10亿美元级的伪痛点案例，就是ofo。这个公司短短1年时间从王者到青铜，陷入很危险的境地，其中一个关键，就是ofo把投放规模当作用户真痛点，大规模向市场投放了很多廉价的自行车。

虽然短时间占据了市场份额，但是这些自行车太容易坏了，导致产品口碑极差，被用户抛弃。

后来，哈啰单车异军突起，大家才发现，好骑和运营效率高才是一级痛点，才是真痛点。

不尖叫：非核心点用力过猛

爆胎的另一个高发原因就是非核心点用力过猛！

什么叫非核心点用力过猛？就是企业将大部分时间、资源、精力投入产品的非核心差异化上，而在用户最关心的核心点上发力不足。

换句话说，我见过很多失败的产品定义，大多数都又重又贪，想要实现的功能很多很重，导致产品严重缺乏亮点，甚至成本失控。

再举一个典型的例子，泡面网红店。有一段时间，很多地方开了不少泡面网红店，类似"泡面英雄""泡面研究所"等如雨后春笋般冒出来。"到店打卡吃泡面发朋友圈"成为不少年轻人的新风尚，抖音上也有不少直播。

但是，一段时间后，这些泡面网红店关了不少，有的用户点评"除了拍照，找不到吃它的理由"。

这些店面虽然短期内靠着营销吸引了不少流量，但是，这些用户的留存并不高，没有形成长期的复购和转化。

所以我们在定义一个项目或者产品的时候，不能太贪，不能为了创新而创新。

再看一个案例，黄太吉的爆胎案例。黄太吉的创始人叫赫畅，31岁时已经有10年成功营销经验。黄太吉打破了煎饼以往"路边摊花几块钱，用塑料袋包起来边走边吃"的固有印象，而是采用包装精美、门店堂食的做法。

借着微博的兴起，黄太吉开始了炫目的营销推广，例如外星人大会、美女老板娘开豪车送煎饼。打出的口号是：在这里吃煎饼、喝豆浆、思考人生。

高峰时一度估值做到15亿元，但是从鼎盛走向没落，赫畅和黄太吉仅用了两年时间。黄太吉基本把我们强调的两大爆胎陷阱都蹚了一遍。

1. **不痛点**。黄太吉认为传统煎饼太低端了，花了很大精力在产品颜值上。这也让很多用户这么点评：高级，包装精美，但味道真的很难吃，绝不会去第二次。

很多人都觉得还不如直接去地摊上吃，比你好吃还要比你便宜。黄太吉所有门店在大众点评上3星以下的差评占据了60%！

对煎饼这种产品而言，高颜值是个伪痛点，好吃才是真痛点。

2. 产品在非核心点用力过猛。赫畅大刀阔斧拓宽了黄太吉的品类，黄太吉旗下一口气冒出了众多新品牌："牛炖先生"炖菜、"大黄疯"小火锅、"从来"饺子馆、"来得及"外卖。

黄太吉还投资了"叫个鸭子""一碗冒菜的小幸福"等餐饮品牌，想占领白领午餐消费生活圈。

多品牌战略并没有走通，2015年，黄太吉又开始投入外卖平台这片红海，也没有走通。

后来赫畅在采访中也坦承，过去的自己心急了，一下做了太多事。这就是在非核心点发力过猛。

没有爆品操盘手

什么叫没有操盘手？这是当下中国企业很常见的一个问题：企业只有老板，但是没有爆品操盘手。

在"缺失的爆品操盘手"那一节我讲过：大爆品跟爆品操盘手是爆品落地的两个关键核心。但是最重要的是先搭班子，才能定好战略。

什么叫爆品操盘手？就是能够操盘爆品的人。有三个关键：第一，对整个产品实现负总责；第二，对整个产品的销售结果负总责；第三，对团队协同负总责。

在过去几年，爆品战略研究中心深度调研了5000位创始人，并通过深度咨询服务了上百家十亿到百亿级别的企业。我们发现缺失爆品操盘手是很多中国企业的一个巨大短板，它甚至成了影响中国企业进步、影响很多企业打造爆品的关键内伤。

我称之为四大关键病症。

症一：老板互联网升级困难症。 有38%的企业投了这个选项。一个老板是公司的最大的原动力，也是公司的天花板。具体表现有三种症状。

1. 打法太传统，不会用更高维的方法升级企业。

2. 产品力太差。

3. 用户痛点抓不住。甚至做了十几年的产品，都不知道用户到底想要啥。

症二：老板知道但下属做不到症。 有22%的企业投了这个选项。缺乏小操盘手和PDT（产品开发）经理，以及相应的PDT团队。具体表现为三大症状。

1. 高管跟老板严重不同频。老板会说高管跟不上自己，高管很委屈，说老板要求变化不要那么快等。

2. 有高管但是没有爆品操盘手。

3. 没有爆品操盘机制。不知道怎么奖罚，不知道怎么给产品找到主人。

症三：大爆品缺乏症。有17%的企业投了这个选项。主要存在三大症状。

1. 过去的爆品靠的是运气，靠的是多SKU汇量增长，能碰对一个是一个。

2. 旗下几十个产品，但被对手一个产品干翻。

3. 花了很多心思做了很多SKU，但卖不动货。

症四：电商卖货不力症。有13%的企业投了该选项。有三大具体的症状。

1. 有电商，但是不懂打法，只会低价促销，处理尾货。

2. 开了线上业务却卖不爆，不赚钱。

3. 有运营，但严重缺乏数一数二的大爆品。

【案例】陈克勇：价值2500万元的快速冲奶机

陈克勇是深圳比科斯公司创始人，是小米生态链企业和我们的爆品导师。陈克勇做了接近30年的产品经理，做出过很多爆品。他申请的产品发明不少于700个，得过很多奖，包括一些全球性的创新创意奖。

同时，陈克勇也是一个超级奶爸，有4个孩子。在带孩子的过程中，他发现晚上给孩子冲奶粉是一件令人痛苦的事，每次冲奶要耗时20～30分钟。

这个产品由陈克勇亲自带队，于2015年年底启动。当时团队挖了一个用户痛点，提了一个需求，构想了一个使用场景：快速冲奶器。

这个产品做出来非常漂亮，而且功能也非常先进，整个机器上只有两个按钮，一个按钮是出鲜奶，一个按钮是出温开水，因为小朋友喝水的概率比喝奶要高。这个产品操作非常容易，不需要学习，只要把奶瓶放下去，一按出来，就是冲好的奶。

整个过程不超过2秒钟，就可以完成了。核心痛点就是：一键冲奶，即冲即喝。

这个产品最初定价是499元。

当时又恰好赶上中国实施"全面两孩"政策，可以说占据了天时。而中国的新生的宝宝,一年大概有1700万。1700万个宝宝出生,快速冲奶器的销量预测大概是100万台一年。

产品最初规划的路线图,就是想做一个单品爆款,通过一个单品爆款最后形成一个设备运营平台,因为这台设备是自带物联网,可以连接Wi-Fi,带智能硬件,还有自己的App。

而这个项目的立项理由也非常多。

第一,用户基数非常大。一年有1700万个宝宝出生,市场基数非常大。

第二,物联网有无限可能。它以后可以连接商城,可以连接市区,可以连接任何一个地方。

第三,它是母婴社区的产品。大家都知小朋友的钱是最容易赚的,因为大家都很在乎。事实上母婴的社区和母婴的赛道在2015年、2016年、2017年的时候非常热,这也是一个非常好的时机。

第四,用户的成长空间很大。小朋友出生了以后,家里给他买一台冲奶机,然后给他买奶粉,如果冲奶机里没奶粉了,App会提醒,然后可以实现一键购买,自动配送。

这么好的项目,如果你是投资人,你会投资吗?我相信很多人听了立项理由后是很愿意投资、愿意去做这个项目的。

但是呢,这个产品努力了2年,成了一个爆胎的案例,而且是一个完美的爆胎案例。

它有十几个理由可以做成功，天时地利人和全占据了，但它是一个爆胎的案例。

为什么？

1. 把二级痛点当一级痛点。

第一个很重要的原因，也是最主要的原因就是，把伪刚需当成了真刚需，把二级需求当成了一级需求，把痒点当成了痛点。

大家仔细思考一下，其实自动冲奶机这个项目是一个伪刚需，甚至来讲它是一个伪需求。

因为它有很多的替代品，比如网上有很多很便宜的调奶器，甚至来讲我们可以用双手就轻而易举地替代它，它不是个一级痛点，它是个二级痛点。

没有它人们的生活不受丝毫影响，如果花很少的钱，我倒愿意买，如果要花很多的钱，我就不愿意了，那么它就是一个伪刚需的产品。

2. 完全在自嗨，在非核心点用力过猛。

为什么说在自嗨？因为现在都提倡母乳喂养，很多家长都知道，母乳喂养的孩子身体更健康，智力发育更好。

正常这个产品的使用周期就是1~2年，孩子到了一岁或者一岁半几乎就不喝奶了，这个产品最多用两年就闲置了。

陈克勇自己的原话："我想请各位记住，凡是需求不成立的产品，所有的动作都是在非核心点用力，它不仅浪费我们的时间，还浪费我们的精力，更重要的是看不到结果。"

3. 只有大老板，没有大爆品操盘手。

陈克勇是个大老板，20多年的产品经理生涯，战功赫赫。但在这个产品上，他只是一个大老板，并不是一个合格的爆品操盘手。

为什么这么讲？伪刚需是其一，其二是这个产品的成本最后也失控了。这个产品预期定价499元面市，但实际要卖1300多元才能保证赢利。

单单塑胶模具费就花了300多万元，还不算其他的PCB（印制电路板）这些结构件等，里面水的传感器也不是自己研发的，而是买的。

这个产品如果卖499元，很多人会买来送礼或自用，这个价格是可以接受的。可是如果你的成本超过了1000元，你的定价要在1000元以上，这样的一个价格就会形成一个购买门槛，本质的问题就是成本失控，失去了定价权。

像这样的一个项目，是陈克勇20多年所做的硬件产品里一个最有代表性的项目，也是单个项目损失最大的，教训与经验特别多。

陈克勇总结这个爆胎案例，用了四个字：自大，傲慢。

防止爆品变爆胎的避坑指南

◎ 爆胎陷阱

爆品的反面就是爆胎,就是产品具备很多爆品的元素,甚至短期也爆过,但是最终却失败了。

◎ 爆胎一——不痛点:把二级痛点当一级痛点

把伪痛点当真痛点,把二级痛点当一级痛点。

◎ 爆胎二——不尖叫:非核心点用力过猛

企业将大部分时间、资源、精力投入产品的非核心差异化上,而在用户最关心的核心点上发力不足。

◎ 爆胎三——没有爆品操盘手

这是当下中国企业很常见的一个问题:企业只有老板,但是没有爆品操盘手。

◎ 【案例】陈克勇:价值2500万元的快速冲奶机

1. 把二级痛点当一级痛点。

2. 完全在自嗨,在非核心点用力过猛。

3. 只有大老板,没有大爆品操盘手。

第九章
爆品操盘手三项修炼

"提醒自己快死了,是我在判断重大决定时最重要的工具。"

地球上伟大的产品经理乔布斯,曾在斯坦福大学有个著名的演讲。他说:"因为几乎每件事,所有外界期望、所有名誉、所有对困窘或失败的恐惧,在面对死亡时,全都消失了,只有最重要的东西才会留下。"

他是商界"贝多芬"、硅谷的首席创新总监、《经济学人》眼中伟大的"皇帝拿破仑",一生光环无数,但我觉得他最贴切的头衔是产品经理。

如果给乔布斯选一句墓志铭,不是那句著名的"求知若饥,谦卑若愚",不是"跟随自己的内心的勇气",也不是"人活着就是为了改变世界",而是"产品人不能被营销人打败"。

这是1997年乔布斯回归苹果时说的一句话:"当产品人不再是推动公司前进的人,而是由营销人推动公司前进,这种情况是最危险的。"

乔布斯一生的信条就是聚焦产品,他称之为苹果的地心引力。

"市场需要一种以产品为导向的文化,在技术公司也是如此。很多公司有非常杰出的工程师和聪明的员工，但是从根本上而言，这些公司需要有将所有一切集合在一起的'地心引力'。否则，你得到的可能就是飘浮在宇宙中的一个又一个了不起的技术片段。这些技术片段无法组合在一起产生伟大的作品。"

"产品挑选人"是硅谷的一个特色。根据惯例，新成立公司的第一个产品必须成功，或者说，第一个产品必须是"杀手级"的。如果第一个产品没有成功，那么这家公司必定失败。

但是，很多新创公司只有一群拥有才华与想法的工程师，却没想好要开发什么产品。

这时候，就必须由一位"产品挑选人"来领导，从众多想法中挑选出最关键的。

乔布斯不只是一个强悍的产品挑选人，更是一个伟大的爆品操盘手。

相反，不少公司陷入绝境的一个重要原因就是爆品操盘手的缺位——要么是创始人离开，要么是创始人不能持续升级，要么是后继乏力。

在中国，更是得爆品操盘手得天下。

爆品操盘手也是一个机制和体系。它有三大层级：大操盘手、小操盘手、PDT团队。

在过去的实战中，我们接触过大量的传统企业，在大量实战中我们发现打造爆品操盘手是老板的目标，也是高层、中层管理人员的梦想，但是往往推动乏力，障碍重重。

为什么？

我们发现大多数传统企业都有一股非常强大的反爆品势力，不是某个人，不是某个流程，不是投入不够，不是大家不知道，而是缺乏从知道到做到。

过去我们经常讲一句话，因为优秀所以卓越。但是在培养和打造爆品操盘手的路上，我们认为最大的一个挑战和关键是：因为优秀，所以难以卓越。

很多公司老板和高层、中层管理人员，他们过去的优秀，他们过去的惯性，反倒成为一个最大的障碍和敌人。

所谓破山中贼易，破心中贼难。过度依赖惯性，过度强调我认为，过度依赖传统经验，这也是产品巨婴症的一种具体表现。

如何打造成熟而又优秀的爆品操盘手，是90%以上的中国企业转型升级必须学会的，也是中国企业未来几十年最大的机会跟挑战。

那么如何成为爆品操盘手呢？

我们从过去的血泪实战中发现有三项必需的关键修炼，也是爆品操盘手的三大天条，我们称之为"三不修炼"。

不傲慢

在中国，绝大部分传统企业是对一切傲慢的，因为傲慢是人性。而成熟又优秀的标志，就是要学会克服傲慢。其实，最可怕的傲慢就是对用户傲慢。

我经常说，传统企业老板和互联网公司老板是两个极端，传统企业老板是对世界谦卑，对用户傲慢，而互联网公司老板是对用户谦卑，对世界傲慢。

举例，我有一个爆品学员，对于一些重要的合作伙伴他都会登门拜访，而且喜欢送爱马仕。这背后其实是一个潜在逻辑，叫得关系得天下。

有一次他送给我一个爱马仕后，我问他，你有没有给用户送过爱马仕？他很惊讶，说不会的。我问他，你手机里有没有100个用户的电话？他说没有。

对所有的公司来讲，对用户傲慢最大的问题是影响效率。

我经常提醒创始人：傲慢是不治之症。

不傲慢，就是要做到打破以个人为中心的英雄主义，打破以"我认为"为中心的经验主义，打破以"我觉得"为中心的理想主义。

有一次我去广东一家知名企业参观，企业的墙上写着一行大字：用户您是总裁！看上去非常"以用户为中心"，但事实上是一种傲慢的表现。

他觉得我都说得这么狠了，用户你还不感动吗？不是的。这就是大量存在的无意识傲慢。

我们要把不傲慢当作一大天条，要把"一切以用户为中心，其他一切纷至沓来"当作我们的信念，甚至是信仰。

光这还远远不够，我们必须建立一系列"不傲慢"的机制：

1. 我们必须建立产品定义在先、产品决策在后的机制；

2. 我们必须建立以用户为中心的决策机制，以及强制性地在产品营销研发环节，加入用户参与评价机制；

3. 大操盘手、小操盘手必须亲自参与100个铁杆粉丝的互动，我们要形成用户参与一级痛点的挖掘机制。

关键节点是核心粉丝参与痛点挖掘，可以挖出50个痛点，产品团队进一步深挖，聚焦到5个痛点，大操盘手、小操盘手共同参与一级痛点的确定，按确认键。

不贪婪

贪婪也是人性，做多做全，不把鸡蛋放到一个篮子里，是人性。

多SKU多赚点钱、做很多产品、做很多品类，是很多传统企业根深蒂固的想法和看法，但是做多是本能，做少做精才是本事。

"不贪婪"要成为爆品操盘手的天条，单点切入，打深打透，要成为爆品操盘手的信念和信仰。而且我们要把这种"不贪婪"的天条纳入爆品开发的流程。

我们必须建立一系列"不贪婪"的机制。

所有企业必须学会聚焦，学会打造S级的旗舰产品。旗舰产品的核心指标不仅要销量，还要利润，还要干到行业前列。

大操盘手、小操盘手在产品战略中最重要的角色是砍产品、砍SKU。口碑相当差的先砍掉，每年每季度都要砍。

老板、小操盘手必须建立爆品评审机制，把打造尖叫级的价值锚当作产品研发的核心评审标准，必须聚焦最值钱最可感知的一级痛点。老板、小操盘手必须砍掉不值钱、不可感知的那些需求。

产品内测也很重要，也是做产品聚焦的核心机制。所有爆品上市前必须在内部开一次产品内测毒舌会。老板和小操盘手都要参与。

不要讲太多为什么

遇到问题、难题，每个人的第一反应是问为什么。

喜欢问为什么，这是人性，是产品巨婴症非常重要的一个表现形式，不要讲太多为什么也是爆品操盘手非常难的一个修炼。

一个优秀而成熟的操盘手不要讲太多为什么，而是讲怎么干。讲太多为什么，最大的影响是拉低效率。不讲太多为什么，直奔怎么干，也是提升效率的核心方式。

请记住，大爆品的背后是效率革命，爆品操盘手机制的本质是效率为王。

对爆品操盘手机制来讲，效率为王的背后也有两个核心机制。

一个是PK机制。就是建立一系列产品PK、团队PK的效率运营机制。

一个是确认键机制。就是在关键点上让老板、操盘手、用户共同参与确认键的按下。

我们必须建立一系列"不问为什么，直奔怎么干"的机制。

必须开好一级痛点确认会，把确定好的一级痛点当作关键战略，老板、小操盘手按确认键。

必须开好PK对象确定会，把确定好的PK对象当作关键产品战略，老板、小操盘手按确认键。

必须召开大爆品的产品定义会，讨论确定价值锚，老板、小操盘手按确认键。

爆品操盘手的内部要建立爆品PK机制，通过产品数据的PK来选定公司大爆品的方向和路径。

公司内部也要建立爆品操盘手、产品经理的PK体系。可以分为1级、2级、3级、4级、5级，5级为最高级，必须做出几亿、几十亿元销售额的大爆品。

【案例】小米手机生死抉择：雷军的爆品武器

2014年11月，乌镇首届世界互联网大会上，主持人问雷军，小米未来发展战略是什么。雷军说，五到十年，我们要做到全球第一。

苹果是当时的全球第一。主持人马上问在场的苹果高级副总裁布鲁斯·塞维尔怎么看。他说："It's easy to say, it's much more difficult to do."（说起来容易，做起来难。）

台下几百位观众笑成一片……

不过，七年后，小米却实现了这一目标。IDC（国际数据公司）报告显示，2021年第二季度，小米的手机销量超过苹果，全球市场占有率达到16.9%。

2020年小米实现营收2459亿元，小米智能手机出货量达到1.46亿台，同比增长17.5%。2020年，小米定价3000元或300欧元及以上的高端旗舰手机销量近1000万台。

小米是一个典型的爆品制造机，雷军也是全球最顶尖的爆品操盘手。

这几年来，我一直在思考，什么是雷军最核心的爆品武器？

沧海横流方显英雄本色，艰难时刻尽展爆品原点。

在我看来，小米手机有两次生死抉择的时刻。

一次是2011年。这是最关键、最生死攸关的一年。这一年，小米推出第一代手机，内部代号为"米格机"。

一帮互联网人第一次做手机，遇到最大的质疑是：不可能。所有人都认为这件事不可能成功，包括富士康董事长郭台铭。

2011年8月19日，在北京车库咖啡的一个论坛上，面对网友"国产山寨货"的质疑，雷军掏出手机，当众示范把它摔到地上。另外两位小米联合创始人坐在旁边，心惊肉跳："前两次摔手机，一次是在小米发布会的台子上，当时铺了地毯；另外一次是雷军坐着演示的。但这回，车库咖啡可是实打实的大理石地板，雷总个头又高，站着摔的，质量再好的手机也悬呀！"

一次是2020年，高端产品小米10推出。要知道，小米手机数字系列，定价从来没有超过3000元。而小米10一下子贵了

1000元，定价4000元。

外部市场上，一直追求性价比的米粉能接受吗？

内部团队中，4000元的高端手机能卖出200万台吗？

在我眼中，小米1和小米10是两款最能代表小米DNA（基因）的爆品。

它们的销量也很强悍。

小米手机1最后卖出了719万台。

小米手机10卖出了577万台以上。

这两款大爆品背后，什么是雷军最关键的爆品秘籍？

雷军有一个非常著名的方法论，互联网七字诀：专注、极致、口碑、快。

专注——把产品做少，所有精力集中一点。

极致——深挖供应链，做到同行都很难达到的高度。

口碑——把用户当朋友，快速传播产品口碑。

快——快速迭代，快速改善。

这些年来，很多公司都在学习小米的爆品打法，雷军的七字诀也被很多创始人烂熟于心。

专注是可以做到的，极致通过死磕是可以做到的，口碑也是很多网红品牌必学的一招，快也是可以学到和做到的。

小米在不断进化，雷军也在不断升级。

我认为，小米最难被学会，雷军最核心的一个爆品武器，就是极致口碑。

极致口碑的意思，不只是供应链、技术创新、产品设计上的全力以赴，也不只是为了用户粉丝广泛参与的一夜爆红，而是这种极致能够被用户看见，产生强大、持续的用户口碑。

极致口碑：痛点战

在小米内部，常说的一个词是"一剑封喉"，那如何找到"一剑封喉"的痛点呢？

互联网公司的游戏规则是"得产品经理得天下"，雷军把这种产品经理方法引入手机领域，产生了摧枯拉朽的力量。事实上，小米刚开始做手机时，从HTC G3手机上得到了很大的启发。但是，雷军用产品经理思维去看，G3还是太工程师思维，做东西不够细。这种极致的产品经理思维也是小米早期最大的底气之一。

雷军是小米最大的产品经理。他带领小米的风格就是：在一线紧盯产品。如果确定一个需求点是用户痛点，就死磕下去，不断进行创新。在内部，雷军的产品方法论就一句话——要把用户当朋友，不要当上帝。雷军要求所有员工，在朋友使用小米手机过程中遇到任何问题时，无论是硬件还是软件的问题，是使用方法或技巧的问题，还是产品本身出现了bug（漏洞），都要以解决问题的思路去帮助朋友。

雷军是这么寻找小米手机1的核心痛点的:"我们一开始的思路就是把未来的智能手机当电脑来做。第一,我们的手机可以装不同的操作系统,然后我们的系统能装在其他手机上,这就是PC(电脑)工业已经很清晰的软硬件分离,所以我们第一件事情是一上来就做了软硬件分离。第二,就电脑硬件制造而言,我们认为够用、适用是远远不够的,性能远远不够用。在其他高端手机只有512MB内存的时候,我们就率先开发1GB内存;在其他手机升级到1GB内存的时候,我们就开发2GB内存。两年前的512MB手机今天已经用不了了,太慢,这就是电脑业的游戏规则。"

小米找痛点的杀招就是让铁杆粉丝深度参与,前期是找到100个铁杆粉丝。这100人也是MIUI操作系统的点火者,是小米粉丝文化的源头,也是其用户体验的特别方法论的源头。纯靠口碑,第二个星期达到200人,第三个星期达到400人,第五个星期达到800人,后来发展到几万、几百万人。

当时中国的换机需求量大概是每年4亿部,而且当时的很多智能手机都是伪智能机。雷军也发现了用户的一级痛点:性价比。

问铁杆粉丝想要什么样的高性价比手机,用户的痛点主要是两个:双核、大屏。小米手机1就是围绕双核、大屏这两个点打深打透的。

如何寻找小米手机10的核心痛点？

雷军在2021年年度演讲中描述这段经历："团队压力巨大，通宵达旦开会，商量着各种复杂的问题：如何破圈，如何影响商务人群，甚至是不是要找跑车品牌联名，等等。我也蒙了，蒙了一段时间后，我认为只有一条路：相信米粉，依靠米粉。"

雷军说："200万台听起来数量很大，但中国有1亿多人在用小米手机，有没有2%的用户相信我们，愿意给我们一次机会呢？我认为，只要把产品做好，一定会有。我们要做的，就是全力以赴做一款米粉真心认可的高端产品。想明白这一点，大家的心理包袱顿时放下了。接下来的日子里，我们集中精力死磕产品，继续打磨细节。产品完工后，我们忐忑不安等待发布会，等待产品发布后用户的反馈。"

小米有一个小米社区App，就是让粉丝参与产品讨论和互动的地方，小米的大爆品都会有一个专属的论坛，其中，小米10的论坛有83.5万人参与，入驻员工有383位，一共产生了49万多条动态。

这个数量在小米数字系列里是非常高的，也能看出这种粉丝参与产品打造机制有多强悍。

小米10的核心痛点是：一款高性能的旗舰水桶机。什么叫水桶机？这也是雷军提的，指那些在各方面都没有明显短板的手机。小米手机10就是围绕这一点打深打透的。

雷军有一句话是小米极致口碑的秘密。他说:"小米销售的是参与感。"

"所以,小米的出发点很简单,我们有一个极其清晰的定位,就是聚集众人的智慧,做一款大家能够参与研发的手机。你天天用手机你有一堆的想法,你有一堆的抱怨,能改吗?除了小米之外能改吗?我们在网上发动过百万人参与,当你真的参与完了以后,你提的这个建议被我们采纳了,这个功能是我设计的,你看我多牛,你会跟朋友说你改用小米吧,这种荣誉感是他们推销小米很重要的动力。"

换句话说,有上百万的粉丝免费给你做产品经理、做用户体验评测员,这是一股多么强悍的力量。就如互联网革命最牛的思考者克莱·舍基在《认知盈余:自由时间的力量》一书中所说,所谓"领先用户创新",并不是由产品的设计者,而是由该产品最活跃的使用者来推动的。

极致口碑:尖叫产品战

小米如何打造让用户尖叫的产品呢?

2010年,雷军开始准备做手机,他经常会找手机供应链的资深人士聊天。雷军通常会问两个问题。

第一，我做一个顶级的手机，价格卖到2000元以下行不行？要知道，当时市场的智能手机基本上都在3000元以上，顶配的手机要在4000元以上。因此，所有人的回答都是不可能。第二，如何提升手机的性能？

要知道，雷军很懂品牌效应，很容易就找到那些能够代表高性能的代工企业——给苹果做代工的公司。但是，十几家公司全都拒绝了他。

小米手机1是小米一款里程碑式的产品，开启了小米互联网手机之路。

为了打造爆品，小米下的最大功夫就是高配低价、国内首家双核1.5GB手机、4英寸屏幕、待机时间450小时、800万像素镜头。当时这类智能手机的价位基本都是三四千元，多低的定价更能制造用户尖叫成为关键。据说小米在发布会前一周还在讨论定价，最后确定的是1999元。这个价格后来也成为很多智能手机的参考线。

性价比的核心不只是价格，还要看性能，小米甚至想到用跑分的方法来强调自己的性价比。我经常开玩笑说，这是小米价值1000万美元的一张图表，也是让用户一目了然的价值锚。

品牌／型号	CPU	内存	电池	屏幕	摄像头（像素）	定价
小米	双核 1.5GHz	1GB	1930mAh	4.0英寸 854×480	800万	1999元
HTC Sensation	双核 1.2GHz	768MB	1520mAh	4.3英寸 960×540	800万	3575元（水货）
三星 Galaxy S2	双核 1.0GHz	1GB	1650mAh	4.3英寸 800×480	800万	4999元
MOTO Atrix ME860	双核 1.5GHz	1GB	1930mAh	4.0英寸 960×540	500万	4298元
LG Optimus 2X	双核 1.0GHz	512MB	1500mAh	4.0英寸 800×480	800万	2575元（水货）

▲ 小米手机与其他品牌手机性价比对比

当然，为了实现这个"尖叫"，雷军预估的困难是200%，实际上的困难是1000%。2010年，小米团队面临的最大难关是在供应链的信任和支持上，找不到好的元器件供应商。当时正赶上智能手机的换机潮，好的元件是稀缺品，求着供货商才能拿到一点。尽管雷军在互联网界颇有名气，负责小米硬件的周光平曾经是摩托罗拉的高管，人脉颇广，但对于做硬件的人来说，大家都觉得小米的硬件不够强。2010年12月底，小米跟芯片商高通的谈判才初战告捷。高通选小米的一个重要原因，也是想赌一下互联网手机这种新的模式。为了拿到夏普液晶屏的供给，小米花了很多时间沟通。日本东北地区地震之后，小米是第一个去拜访供应商的中国公司，小米去了三个创始人，雷军带队，总裁林斌加上负责工业设计和供应链的刘德全都去了。最终打动夏普的是小米那种无论如何都想把手机做好的信念和魄力。

过了供应链这一关，第二道坎是生产关和品质关。小米手机的加工线是给苹果组装iPad的英华达。生产供应链都要有爬坡的过程，工人需要熟悉新流程。如何能从一开始就保证小米手机的良品率成了小米最关心的问题。10万台卖出去，品质不出大问题，就可以生产100万台了。郭台铭曾经说过，他最大的遗憾就是错失了小米。

小米手机10是小米一款里程碑式的产品，开启小米高端旗舰之路。

小米10的确重新定义了旗舰水桶机的性能标准，有三大关键尖叫点：小米10采用高通骁龙865处理器，内置第五代AI引擎；采用了6.67英寸AMOLED曲面屏；搭载1亿像素四摄系统，支持EIS以及OIS定制大功率马达防抖，支持HEIF格式，拍照方面支持AI相机、智能拍文档、智能消除阴影、三步复印身份证、手机一键打印、动态魔法换天等功能。

我认为，雷军的"有人排队的小餐馆理论"是支撑这种极致口碑的核心。

雷军说，很多人并没有听懂这句话的意思。小餐馆成不成功的标志是有没有人排队，小米为什么要做有人排队的小餐馆？第一，这种餐馆一般大厨就是老板，而且大厨每天在店里盯着，跟来的很多熟客都是朋友。第二，他有很强的定力说，把产品做好比赚更多的钱重要。我们正常的商业逻辑一定会说，有一家排队就扩大为两家，两家再扩大为四家，再搞连锁。结果一步一步就被商业所扭曲了，所以好的东西就越来越少。所以我们希望小米的所有人都在产品的一线，而不是当老板、当管理者。

爆品操盘手的修炼指南

◎ 爆品操盘手

爆品操盘手也是一个机制和体系。它有三大层级：大操盘手、小操盘手、PDT团队。

◎ 操盘手天条一：不傲慢

对所有的公司来讲，对用户傲慢而产生的最大的问题是影响效率。我经常提醒创始人：傲慢是不治之症。不傲慢，就是要做到打破以个人为中心的英雄主义，打破以"我认为"为中心的经验主义，打破以"我觉得"为中心的理想主义。

◎ 操盘手天条二：不贪婪

不贪婪要成为爆品操盘手的天条，单点切入，打深打透，要成为爆品操盘手的信念和信仰。而且我们要把这种"不贪婪"的天条纳入爆品开发的流程。我们必须建立一系列"不贪婪"的机制。

◎ 操盘手天条三：不要讲太多为什么

一个优秀而成熟的操盘手不要讲太多为什么，而是讲怎么干。对爆品操盘手机制来讲，效率为王的背后也有两个核心机制：一个是PK机制，就是建立一系列产品PK、团队PK的效率运营机制；一个是确认键机制，就是在关键点上让老板、操盘手、用户共同参与确认键的按下。

◎ 【案例】小米手机生死抉择：雷军的爆品武器

极致口碑的意思，不只是供应链、技术创新、产品设计上的全力以赴，也不只是为了用户粉丝广泛参与的一夜爆红，而是这种极致能够被用户看见，产生强大、持续的用户口碑。

1. 极致口碑：痛点战。

2. 极致口碑：尖叫产品战。

42个爆品案例的思维导图

爆品案例

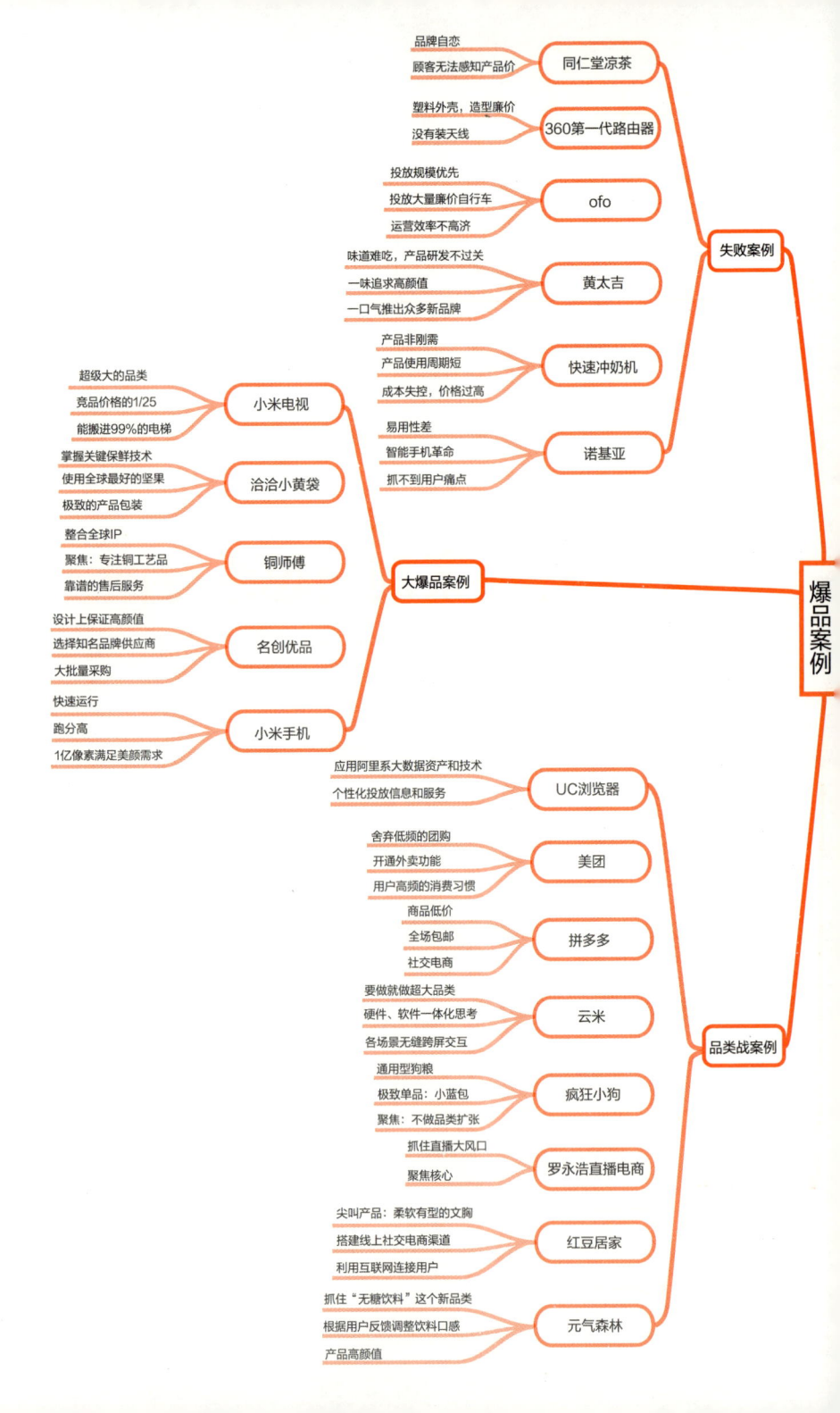

失败案例

- **同仁堂凉茶**
  - 品牌自恋
  - 顾客无法感知产品价

- **360第一代路由器**
  - 塑料外壳，造型廉价
  - 没有装天线

- **ofo**
  - 投放规模优先
  - 投放大量廉价自行车
  - 运营效率不高济

- **黄太吉**
  - 味道难吃，产品研发不过关
  - 一味追求高颜值
  - 一口气推出众多新品牌

- **快速冲奶机**
  - 产品非刚需
  - 产品使用周期短
  - 成本失控，价格过高

- **诺基亚**
  - 易用性差
  - 智能手机革命
  - 抓不到用户痛点

大爆品案例

- **小米电视**
  - 超级大的品类
  - 竞品价格的1/25
  - 能搬进99%的电梯

- **洽洽小黄袋**
  - 掌握关键保鲜技术
  - 使用全球最好的坚果
  - 极致的产品包装

- **铜师傅**
  - 整合全球IP
  - 聚焦：专注铜工艺品
  - 靠谱的售后服务

- **名创优品**
  - 设计上保证高颜值
  - 选择知名品牌供应商
  - 大批量采购

- **小米手机**
  - 快速运行
  - 跑分高
  - 1亿像素满足美颜需求

品类战案例

- **UC浏览器**
  - 应用阿里系大数据资产和技术
  - 个性化投放信息和服务

- **美团**
  - 舍弃低频的团购
  - 开通外卖功能
  - 用户高频的消费习惯

- **拼多多**
  - 商品低价
  - 全场包邮
  - 社交电商

- **云米**
  - 要做就做超大品类
  - 硬件、软件一体化思考
  - 各场景无缝跨屏交互

- **疯狂小狗**
  - 通用型狗粮
  - 极致单品：小蓝包
  - 聚焦：不做品类扩张

- **罗永浩直播电商**
  - 抓住直播大风口
  - 聚焦核心

- **红豆居家**
  - 尖叫产品：柔软有型的文胸
  - 搭建线上社交电商渠道
  - 利用互联网连接用户

- **元气森林**
  - 抓住"无糖饮料"这个新品类
  - 根据用户反馈调整饮料口感
  - 产品高颜值

爆品案例

痛点战

- **脑白金**
  - 每周访谈消费者
  - 投票决定广告是否播出
- **苏泊尔炒菜锅**
  - 小红点技术
  - 优质中价
- **小米移动电源**
  - 专注：只做一种规格的电源
  - 价格打到最低，69元
  - 死磕金属壳
- **苹果笔记本**
  - 颜值键：熔铝合金的外壳
  - 超薄机身
  - 粉丝经济
- **花西子**
  - 最强悍的爆品武器：颜值
  - 把国潮颜值营销出圈
  - 用户体验官的深度参与
- **足力健**
  - 清晰的用户画像
  - 对标大牌产品
  - 建立改改改机制
- **王老吉**
  - 价值锚可感知
  - 深度打动用户
  - 广告语一目了然

尖叫产品战

- **90分旅行箱**
  - 选新秀丽为PK对象
  - 渠道能力强，供应链能力强
  - 性价比高
- **优衣库**
  - 大牌感
  - 高性能面料
  - 要求严苛：衣服上不能有线头
- **宜家**
  - 战略性流量产品：1元冰淇淋
  - 设计有范
  - 供应链强大
- **小米彩虹电池**
  - 日立监制的maxell电芯
  - 设计电池收纳盒
  - 性价比高
- **小米净化器**
  - 全球顶级进口的RO膜
  - 竞品价格的1/5
  - 性能强大
- **腾讯QQ**
  - 卡通头像搞定用户口碑
  - QQ秀满足年轻人炫耀需求
  - 爆品游戏：斗地主
  - 爆品应用：QQ相册
- **微信**
  - 让用户爽：性与暴力
  - "摇一摇"的"咔咔咔"声音
  - 口碑产品：公众号、微信红包、企业号
- **抖音**
  - 操作简单：傻瓜式操作
  - 大数据算法：精准击中用户的兴趣
  - 兴趣电商：激活用户消费需求
- **最生活毛巾**
  - 开拓新品类：密封毛巾
  - 可跑分：使用阿瓦提长绒棉
  - 最顶尖的团队打造商品详情页
- **极米投影仪**
  - 开拓新品类：无屏电视
  - 采用行业最高级的材料
  - 对用户的需求和场景的极致洞察
- **小米手环**
  - 把省电做到极致，30天不充电
  - 定位人体ID，干掉屏幕
  - 死磕铝合金表层和腕带
- **小米空气净化器**
  - CADR值
  - 可跑分
  - 重视颜值，花1000万打造模具

爆点营销战案例

- **papi酱**
  - 独立人格
  - 强反差视频
  - 引爆粉丝情绪
- **石头扫地机器人**
  - 关键功能：统计房屋面积，刺激用户的虚荣心
  - 扫地机器人与各种动物互动，刺激用户分享欲
  - 经常做活动，提高用户参与度
- **神州专车**
  - 海报广告发酵成为热门事件
  - 明星参与，大量用户转发
  - 买100元返100元，直送1000
- **苹果发布会**
  - 搞定发烧友
  - 搞定媒体，免费上头条
  - 制造流行文化

马上扫二维码，关注"**熊猫君**"

和千万读者一起成长吧！